DAGMAR VON CRAMM
INGA PFANNEBECKER

EXPRESS
for
FAMILY

DAGMAR VON CRAMM
INGA PFANNEBECKER

EXPRESS *for* FAMILY

FOTOS: BARBARA BONISOLLI
ILLUSTRATIONEN: JULIA HOLLWECK

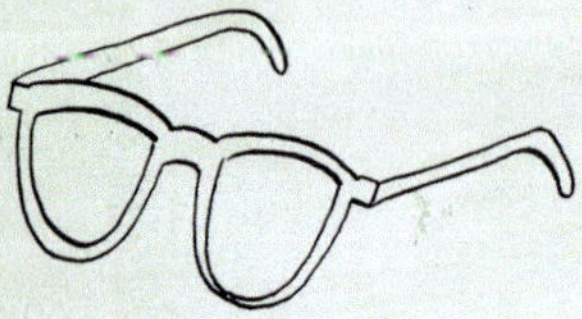

GUT ZU WISSEN

Lieblings-GERICHTE

LIEBLINGSSPECIALS – IM NU AUFGETISCHT

Das schmeckt wirklich allen: Von Chicken-Nuggets über Schnitzel bis Sushi. Hier tummeln sich Rezepte, mit denen ihr euch in höchstens 30 Minuten so richtig schön verwöhnen könnt.

Aus dem OFEN

OFENWUNDER – IM NU AUFGETISCHT

Für diese Gerichte braucht ihr die Zutaten nur kurz zerkleinern und in die Pfanne werfen. Und schon brutzeln sie der Vollendung entgegen und locken alle Familienmitglieder an den Tisch. Guten Appetit!

Aus der PFANNE

PFANNENHITS – IM NU AUFGETISCHT

Kochen, nebenher den Einkauf ausräumen und schon mal Tischdecken? Mit unseren schnellen und abwechslungseichen Ofengerichten von knusprigen Toasts bis süßen Aufläufen kein Problem!

ONE-POT

WUNDERBARE ONE-POTS – IM NU AUFGETISCHT

Deftige Eintöpfe, elegante Cremsüppchen, leckere Nudeln ... Unsere One-Pots sind superlecker und superschnell gemacht! Und das Beste: Alles gart in einem Topf und der Abwasch bleibt übersichtlich.

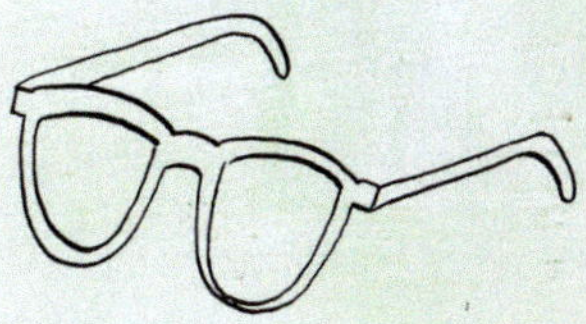

Diese Express-Rakete
haben wir im Buch
für euch versteckt.
Wer findet sie?

Dagmar von
Cramm

Inga Pfannebecker

FIX ZU TISCH!

Muss man hexen können, um im Nu ein wunderbares Familienessen zu zaubern? Ohne Stress, ohne Streit – um am Ende ganz entspannt gemeinsam zu speisen?

Wir meinen, das geht auch ohne Zauberkräfte. Aber nicht von alleine. Alle Dinge, die gut werden sollen, brauchen Liebe, Ideen, Zuwendung – und Zeit. Die ist aber im Alltag knapp. Deshalb müsst ihr vorher investieren. Und euch als Familie Gedanken machen: Wie wollen wir essen? Was wollen wir essen? Und wer hat dabei welche Aufgaben? Klar gibt es jede Menge Fertigprodukte. Man muss heute nicht mehr kochen, um satt zu werden. Aber frisch gekocht ist nicht nur gesünder, sondern schmeckt einfach viel besser. Es verbindet uns mit dem Ursprung unseres Essens: der Möhre, der Kartoffel, dem Salatkopf, dem Stück Butter, dem Käse, dem Ei oder dem ganzen Huhn. Kinder erleben von klein auf, woraus ein Essen entsteht. Die Vorfreude und der Appetit wachsen ja, wenn es knistert und zischt, dampft und duftet. Es riecht anders in einem Haus, in dem gekocht wird. Und das alles sollte es nicht nur sonntags geben. Nein – gegessen wird jeden Tag. Und Familienleben bedeutet gemeinsam verbrachten Alltag – zu Hause.

Euch fehlt die Zeit? Das wollen wir ändern! Zugegeben – nicht so einfach. Mit frischen Zutaten für vier Personen in ehrlichen 30 Minuten zu kochen, ist sportlich. Aber es geht. Wir haben es ausprobiert – bei jedem Rezept in diesem Buch. Und ganz viele Ideen entwickelt, damit es noch schneller geht, ohne an Qualität oder Geschmack zu verlieren. Was wir gemerkt haben: Es ist wirklich hilfreich, zu planen und zu strukturieren. Regeln helfen dabei. Hört sich langweilig an, spart aber jede Menge Nerven, wenn die Zeit knapp ist. Das bisschen Haushalt macht sich eben nicht von alleine – das bisschen Kochen auch nicht. Aber es ist einfacher als ihr denkt – und führt zu einem besseren Miteinander. Denn das gemeinsame Essen steht im Zentrum des Familienlebens. Dort wird nicht nur gegessen, sondern erzählt, gestritten, gelacht und geweint.

Dieses Kochbuch soll euch helfen, diese Insel der Gemeinsamkeit auch in stressigen Zeiten zu erhalten und daraus Kraft zu schöpfen. Das wünschen wir euch von Herzen!

Dagmar von Cramm

Inga Pfannebecker

SOS – SCHNELL OHNE STRESS

Im Familienalltag müssen immer wieder Hürden überwunden werden. Dazu gehört auch das gesunde Kochen für vier Personen in einer halben Stunde. Eine echte Herausforderung, im Alltag aber oft genug Realität. Spontan sein hilft da nicht immer weiter: Auf Knopfdruck kreativ zu sein, kann ganz schön stressen! Wer es schafft, ein paar Tage im Voraus zu planen, nimmt Druck aus dem Topf und letzten Endes auch aus dem gemeinsamen Essen. Denn wenn ihr schon im Voraus wisst, was ihr kochen wollt, und alle Zutaten griffbereit habt, könnt ihr sofort mit dem Kochen starten, wenn ihr zu Hause angekommen seid. Ihr setzt euch quasi ins gemachte Nest. Das bezieht sich nicht nur auf die Entscheidung, was es geben soll, sondern auch auf Einkäufe, Vorräte und die ganze Küche. Und was fast noch wichtiger ist: Die Familienmitglieder, die schon zu Hause angekommen sind, können und sollten helfen. Wenn es klare Regeln und Strukturen gibt, dann weiß jeder , was es zu tun gibt. Wer kocht, ist der Kapitän an Bord, wenn möglich wechselt ihr als Eltern euch dabei ab, damit jeder einmal entlastet wird. Am Wochenende könnt ihr alles haarklein mit eurem Nachwuchs diskutieren – jenseits vom Alltagsstress. Definiert am besten gemeinsam klare Regeln. Ihr werdet schnell sehen: Das wirkt Express-Wunder.

STRUKTUREN HELFEN

DER SPEISEPLAN Überlegt einmal in der Woche gemeinsam, was in den nächsten sieben Tagen auf den Teller kommt. Jeder darf mal entscheiden, was es geben soll. So kommt jeder mit seinen Vorlieben zum Zuge. Außerdem könnt ihr für Tage, an denen die Zeit knapp ist, vorkochen (ab S. 162).

DER EINKAUF Nie ohne Einkaufszettel! Das macht doppelte Wege in den Supermarkt überflüssig. Am besten schreibt ihr nach Ort und Datum geordnete Listen: Frisches muss meist zweimal besorgt werden. Einkaufszettel nach Abteilungen im Markt ordnen: Gemüse, TK-Truhe, Nudeln immer in Gruppen auflisten – das spart Zickzackkurse mit dem Einkaufswagen.

DER FAMILIENTISCH Wenn jeder seinen Stammplatz, Set und seinen Serviettenring hat, stimmt die Basis. Sorgt auch dafür, dass sich Teller, Besteck und Servietten immer am gleichen Ort befinden, so können auch die Kleinen beim Tisch decken helfen.

WER MACHT WAS? Helfen klappt selten unter Zeitdruck auf Kommando. Wie durch Zauberhand sind alle Heinzelmännchen verschwunden … Da hilft ein simpler Plan für Standardarbeiten wie Tisch decken, Wassergläser auffüllen, Salatsauce rühren, Salat waschen, Gemüsesticks schneiden, Tisch abräumen – natürlich altersgemäß. Und dann wird gerecht eingetragen, wer was macht.

RITUALE Gegessen wird gemeinsam – je öfter Kinder das erleben, desto gesünder ist ihre Ernährung. Dazu gehört ein gemeinsamer Beginn – vielleicht mit einem Gebet oder Reim. Alle bleiben so lange sitzen, bis der Langsamste, Kleinste fertig ist. Ausnahme nur mit Genehmigung! Vor allem: kein Tellerservice. Am besten Schüsseln auf den Tisch stellen – notfalls auch Töpfe. Und dann so manierlich essen, dass es für alle ein Genuss ist.

Ernährung: Was ist wichtig?

Essen ist viel mehr als reine Kalorienaufnahme. Es bedeutet Gemeinschaft und Genuss und schafft Gewohnheiten. Studien ergaben, dass sich ein »paternalistischer Erziehungsstil« am positivsten auf die Ernährung von Kindern auswirkte. Das bedeutet: Kinder möchten Führung, die sie respektiert, aber die eine Linie vorgibt. Besinnt euch auf das Wesentliche und bleibt konsequent – dann stimmt das große Ganze.

ZUVERLÄSSIGE MAHLZEITEN Kinder brauchen durch ihr starkes Wachstum drei Haupt- und zwei Zwischenmahlzeiten, während Erwachsene mit dreimal essen zurechtkommen. Das bedeutet nicht, ständig zu snacken! Esspausen sind wichtig, aber nur möglich, wenn es – je nach Alter – alle zwei bis drei Stunden satt zu essen gibt.

DIE BASICS SIND PFLANZLICH Keiner muss vegetarisch leben. Aber Gemüse und Getreide, Nüsse, Saaten und Obst spielen die Hauptrolle in einer vollwertigen Ernährung. Das muss auch die Expressküche leisten können. Klar: Milchprodukte und Fleischwaren sind wichtig – und schnell. Aber eher als Beilage. Andererseits: Nur belegte Brote, Pizza oder Muffins sind keine vollwertigen Mahlzeiten.

DAS KOMMT ZU KURZ Vor allem die Ballaststoffe aus Gemüse und Vollkorn sind bei Kindern knapp. Sie sind wichtig für die Immunabwehr und ein gesundes Gewicht. Auch Folsäure, essenziell fürs Wachstum, ist Mangelware. Vitamin D und E, Kalzium, Zink und Eisen reichen oft nicht aus. Gute Öle, Nüsse und Saaten, aber auch Milchprodukte und Fleisch in Maßen sind ideal.

DAS IST ZU VIEL Süßigkeiten, Soft-Drinks und Kohlenhydrate aus weißem Mehl. Klar, jeder möchte mal naschen. Aber achtet darauf, dass der süße Anteil in der Ernährung klein bleibt. Gesunde Alternativen sind Trockenfrüchte, Obst und Vollkornmehl.

Unsere Basics

Mit einigen wenigen Grundnahrungsmitteln bekommt eure Küche einen gesunden Twist, ohne dass der Geschmack leidet. Im Gegenteil:

> Weizen- oder Dinkelmehl der Type 1050 ist viel nährstoffreicher als weißes Mehl der Type 405 oder 550 – und eignet sich für süßes und für pikantes Gebäck.

> Zum Kochen ist Rapsöl prima, kaltgepresstes eignet sich für den Salat und als Extra ein hochwertiges Olivenöl.

> Soft-Datteln oder Rosinen passen hervorragend in süße Speisen und helfen beim Zuckersparen. Honig, Ahornsirup und Dattelzucker zum Abschmecken sind gute, aber leider teure Zuckeralternativen.

> Sesam- und Leinsamen, Kürbis- und Sonnenblumenkerne, Walnüsse und Mandeln ergänzen Salate und Gemüsepfannen mit wertvollen Nährstoffen.

> Sojasauce und Miso würzen auf gesunde Art mit weniger Salz.

Notvorrat für die Express-Küche

Eine eiserne Reserve hilft, wenn alle Läden geschlossen sind und der Hunger groß ist.

Frisch – am besten an einem kühlen Ort: Zwiebeln, Knoblauch, Kartoffeln, Äpfel, Zitrone, Eier
Gekühlt – im Kühlschrank oder bei max. 8° im Keller: Butter, Reibekäse, Feta, Schinkenwürfel, Miso
Haltbare Lebensmittel: H-Milch, H-Sahne, Koch- oder Kaffeesahne, eingeschweißte Rote Bete
Konserven – überall, wo Platz ist: Tomaten, Zuckermais, rote Bohnen, grüne Bohnen, Kichererbsen, Pesto, Tomatenmark, Wiener Würstchen, Thunfisch naturell, Ananas, Mandarinen, Apfelmark
Trockenprodukte – mottensicher, kühl und trocken: Dinkel- oder Weizenmehl (Type 1050), Haferflocken, (parboiled) Reis, (Instant-)Nudeln, Couscous, Quinoa, Instant-Kartoffelpüree, rote Linsen, Kernmix, Walnüsse, Mandeln, Datteln
TK-Produkte – im 3-Sterne-Tiefkühlfach oder im Gefrierschrank: Spinat-Minis, Erbsen, Gemüsemix, Beerenmix, Hühnerbrust, Fischfilet
Sonstiges: Raps- und Olivenöl, Honig, jodiertes Speisesalz, Weinessig, Backpulver
Wichtig: Auch Vorräte sollte man regelmäßig checken, z. B. auf Mehlmotten. Ein abgelaufenes Mindesthaltbarkeitsdatum bedeutet nicht, dass das Lebensmittel verdorben ist.

WIE KRIEG ICH'S KLEIN?

Wenn Gemüse oder Kartoffeln in kurzer Zeit gar sein sollen, funktioniert das nur, wenn man sie klein schneidet. Das verkürzt die Garzeit und schont durch die schnelle Hitze sogar wertvolle Nährstoffe. Aber das Schnippeln kostet natürlich Zeit. Ganz abgesehen vom Waschen, Schälen und Putzen. Wer gesund und express für die Familie kochen möchte, kann auf frisches Gemüse nicht verzichten und braucht gutes Handwerkszeug.
Raspelgemüse aus der Kühltheke ist teuer, der Nährwert sinkt, die Keimzahl steigt. Ihr braucht also eine Strategie, die zu Hause funktioniert. Es muss keine Profiausrüstung sein – auch kleine Helfer sparen eine Menge Zeit! Hier eine Übersicht, welche Geräte für welche Anwendungen ideal sind, welche Vor- und Nachteile sie haben und was sie können. Wer kleine Kinder hat, der kommt vielleicht noch weitgehend mit Kleingeräten aus. Doch wenn der Appetit mit dem Alter der Kinder wächst, sind größere Mengen gefragt. Das solltet ihr im Blick haben. Das Prinzip »klein gart schneller« gilt natürlich auch für Fleisch. Deshalb findet ihr in diesem Buch keinen Braten – eher Geschnetzeltes, Hackfleisch oder Mini-Schnitzel.

EFFIZIENT KOCHEN

Organisation ist alles: Mit der richtigen Vorbereitung werdet ihr richtig schnell.

ALLES DA? Zuallererst alle Zutaten für das Gericht zusammensuchen. Am besten vorher abmessen oder wiegen. Wenn etwas fehlt oder nicht reicht: Gibt es eine Alternative? Danach das Rezept nochmal in Ruhe genau durchlesen: Oft spielt ein kleiner Schritt eine große Rolle und spart Zeit. Da ist es wichtig zu wissen, worauf es ankommt.

WELCHE REIHENFOLGE? Was braucht am längsten? Muss der Ofen vorgeheizt werden? Was kann ich erledigen während der Quell-, Back- oder Garzeiten? Das alles ist natürlich bei unseren Rezepten berücksichtigt. Bei eigenen Rezepten müsst ihr selber planen.

WAS KANN ICH DELEGIEREN? Überlegt vor dem Kochen, was der »Küchendienst« übernehmen kann: Gemüse waschen oder schnippeln, Müll wegbringen, aufräumen oder Tisch decken?

ARBEITSPLATZ EINRICHTEN Ist die Arbeitsfläche sauber, der Mülleimer leer und die Spüle frei? Vor dem Kochen den Arbeitsplatz vorzubereiten spart Zeit. Richtet alles her, was ihr für die Zubereitung eurer Mahlzeit braucht. Euer Schneidebrett sollte so groß wie möglich sein – so kann das »Schnittgut« gleich in Topf oder Pfanne befördert werden. Eine Abfallschale daneben spart zusätzlich Wege. Schneidebretter mit Auszug darunter sind eine Hilfe – wenn sie groß genug sind.

HUNGRIG ODER DURSTIG? Wer kocht, sollte immer ein Wasserglas in Reichweite haben. Und wenn der Magen zu sehr knurrt, hilft Knabbergemüse, das beim Schnippeln abfällt. Oder eine Notration ungeschälte Mandeln. Das gilt auch für die hungrige Familie. Die ganz Kleinen können schon etwas Obst knabbern – oder einen kleinen Joghurt essen. Feste Regeln helfen auch hier.

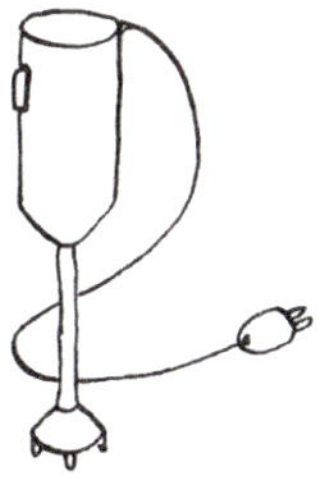

PRAKTISCHE KÜCHENHELFER

Die Expressküche für die Familie kommt ohne Hilfe beim Raspeln und Pürieren nicht aus. Es kostet einfach Zeit, ein knappes Kilo Möhren, Kartoffeln oder Zucchini zu raspeln oder einen Blumenkohl klein zu kriegen.

DIE KÜCHENMASCHINE Wenn die Familie wächst, lohnt sich der Kauf einer möglichst vielseitigen Küchenmaschine. Diese sollte nicht nur rühren und mixen können. Wichtig sind verschiedene Aufsätze, um Lebensmittel zu zerkleinern. Raspeln und Hobeln sollte möglich sein. Wenn sie auch noch in Streifen schneiden kann – perfekt! Die Leistung sollte in etwa 1000 bis 1500 Watt betragen. Wichtig ist auch, dass sie für eine gründliche Reinigung in ihre Bestandteile zerlegt werden kann und spülmaschinenfest ist. Für die richtige Größe könnt ihr euch die Faustregel merken: 1 Liter pro Person. Wer häufig für die große Runde kocht, der sollte auf ein Volumen von 5 Litern oder mehr achten. Eine Thermo-Küchenmaschine kann den Inhalt zusätzlich erhitzen, das ist praktisch für Babybrei, Suppen, Saucen und One-Pots.

DER PÜRIERSTAB Ohne geht es nicht. Sein Plus: Ihr könnt gleich im Topf pürieren. Er eignet sich zum Herstellen von Saucen, Dips oder Brotaufstrichen. Mit dem Stab lassen sich nicht nur einzelne Gemüsestücke zerkleinern, sondern auch härtere Lebensmittel wie Nüsse oder gefrorenes Obst. Er sollte mindestens 700, besser 1000 Watt Leistung aufbringen und über verschiedene Geschwindigkeitsstufen verfügen. Wenn es als Ergänzung einen Zerkleinerer gibt: perfekt! Der wird mit kleinen Mengen, z. B. Kräutern, und sehr harten Zutaten wie Parmesan am besten fertig.

DER BLITZHACKER Meist kommt er als Ergänzung zum Pürierstab daher – und in dieser Kombination ist er auch zu bevorzugen. Daneben gibt es sehr effiziente Handgeräte, die eher für den Singlehaushalt zu empfehlen sind.

REIBEN, RASPELN & SPIRALEN?

Vorweg: Spiralen aus Gemüse und schnell passen nicht zusammen – Gemüsespirelli und Co. gehören in die Abteilung Kochvergnügen! Aber für die Zubereitung kleiner, gerader Juliennestreifen, z. B. als Einlage für eine schöne Gemüsebrühe, sind Handhobel wirklich eine Alternative. Wir möchten sie ebenso wie eine Gemüsereibe nicht missen. Praktisch, wenn es ein Gerät mit mehreren Einsätzen ist. Auch eine Auffangbox darunter spart Zeit, weil nichts daneben fällt. Gerade weiche Gemüsesorten wie Gurke und Zucchini sind schnell fertig, ohne matschig zu werden. Unentbehrlich ist ebenfalls eine feilenartige Reibe für Zitrusschalen, Parmesan und Ingwer. Und eine Knoblauchpresse macht nicht nur Knoblauch, sondern auch ein Stück Ingwer im Nu klein. Gekochte Kartoffeln werden zu Schnee, wenn man sie durch eine Kartoffelpresse drückt. Und mit einem Eierschneider zu dünnen Scheiben, die perfekt für Kartoffelsalat oder Bratkartoffeln sind.

DAS RICHTIGE MESSER MACHT'S

Messer müssen scharf sein – am besten einmal pro Woche in Ruhe schärfen. Und sie sollten groß genug sein, um Mengen bewältigen zu können. Das gilt vor allem fürs Kochmesser. Ein starkes Gemüsemesser mit gerader Klinge hilft Kürbis und Melone schnell zu schlachten. Aber auch das handliche Küchenmesser fürs Feine sollte nicht zu klein sein, wohl aber eine dünne Schneide haben.
> Wichtig ist ein Wiegemesser – am besten mit zwei parallelen Klingen – für Kräuter oder Zwiebeln.
> Eine gezackte Klinge ist unentbehrlich für Tomate oder Pfirsich: Sie schneidet Lebensmittel, die eine feste Schale und ein weiches Innere haben. Deshalb gehört auch das Brotmesser zu dieser Gruppe.
> Unser liebster Helfer ist ein Spar- oder Kippschäler. Er ist für Spargel und Kartoffeln ein Muss, aber auch für Möhren, Mango und Kohlrabi prima. Kleine, breite Exemplare liegen am besten in der Hand. Und für tatkräftige Hilfe braucht ihr gleich mehrere Ausführungen!

SCHNELLER GAR?

Wenn es um Minuten geht, dann spielt die Technik eine Rolle. Induktion und Gas sind beim Kochfeld die Schnellsten. Aber nur, wenn Topf und Pfanne ebenfalls schnell sind: Je leichter, desto schlechter leiten und halten sie die Hitze. Beim Backofen ist Umluft fixer als Ober- und Unterhitze, weil langes Vorheizen entfällt. Manchmal hilft es auch, die Grillfunktion zuzuschalten. Ein simpler Helfer ist dagegen der elektrische Wasserkocher: Keiner bringt Wasser schneller zum Sieden! Für die Expressküche leider ungeeignet ist der Dämpfer: Er erhält Vitamine, Geschmack und Konsistenz – aber das Garen dauert leider etwas länger. Das gilt ebenso fürs Schmoren. Eine Bereicherung für die Express-Küche sind die Mikrowelle und der Schnellkochtopf. Dazu mehr auf der nächsten Seite.

Insgesamt spielt die Menge eine große Rolle. Nicht nur bei der Vorbereitung, sondern auch beim Garen macht die Größe der Portion einen Unterschied. Auch die Größe der Gemüse- oder Fleischstücke ist entscheidend. Einerseits kostet Kleinschneiden mehr Zeit - dafür sind die kleinen Zutaten viel schneller gar. Säure kann den Garprozess verlangsamen, Salz wiederum beschleunigt ihn ein ganz klein wenig. Und last not least: Beim zweiten Mal gelingt ein Gericht nicht nur besser, sondern ist auch schneller fertig ...

EXPRESS-KOCH-HACKS

Beim schnellen Kochen geht es darum, im Gargut rasch eine hohe Kerntemperatur zu erreichen – und sie zu halten. Außerdem hilft es, die reine Arbeitszeit parallel für Quell- und Garprozesse zu nutzen.

NUDELN UND GETREIDE in heißem Wasser aus dem Hahn aufsetzen und zum Kochen bringen. Oder mit kochendem Wasser aus dem Wasserkocher. Das spart Energie und vor allem Zeit. Je größer der Topfdurchmesser, desto schneller wird das Wasser heiß. Selbst in einer tiefen Pfanne könnt ihr so Nudeln oder Getreide in heißem Leitungswasser aufsetzen. Auf alle Fälle solltet ihr die Nudeln regelmäßig umrühren. Getreide wie Reis, Couscous oder Quinoa könnt ihr einfach zugedeckt quellen lassen.

DECKEL ZU Beim Kochen gehört der Deckel auf den Topf – oder auf die Pfanne. Das verkürzt die Ankochzeit und schont die Vitamine. Ist die Gartemperatur erreicht, unbedingt die Hitze reduzieren, sonst kocht es über. Zugedeckt garen Puffer und Pfannkuchen auch schon von oben – hier die Hitze reduzieren, damit nichts anbrennt.

GROSSE PFANNEN sparen Zeit, weil mehr Puffer oder Schnitzel gleichzeitig knusprig werden und 4 große Pfannkuchen schneller gebacken sind als 8 kleinere. Wichtig ist dabei neben einem guten Pfannenwender eine glatte Konditorpalette aus Metall, die größer als die Pfanne ist: Mit ihrer Hilfe lässt sich auch ein Riesenpancake wenden. Mit zwei Pfannen parallel arbeiten spart ebenfalls Zeit.

VORHEIZEN Nicht nur Backöfen, auch Bleche oder Formen – am besten auch aus Metall – immer vorheizen. Dann erreichen Kuchen oder Aufläufe schneller die gewünschte Gartemperatur. Aber Vorsicht beim Befüllen: Sie sind sehr heiß! Ofengerichte immer auf großer Fläche so flach wie möglich schichten, dann sind sie schneller gar.

HELFEN MIKROWELLE UND SCHNELLKOCHTOPF?

DER SCHNELLKOCHTOPF gart unter erhöhtem Druck bei hohen Temperaturen. Für den Schnellkochtopf spricht, dass man mit ihm bis zu 50 Prozent Energie einsparen kann. Und durch die kurzen Garzeiten bleiben Nährstoffe besser erhalten. Toll für Hülsenfrüchte, Kartoffeln und derbes Gemüse oder Brühen. Für Zartes eher nicht so geeignet.
Wichtig ist, dass er höchstens zur Hälfte befüllt werden darf. Beim Verschließen immer auf einen sauberen Rand achten. Der Deckel ist erst dicht, wenn er mit einem satten, gut hörbaren »Klick« eingerastet ist. In der Ankochphase den Topf auf höchster Stufe erhitzen, bis die Luft nach außen entwichen ist. Der Deckel schließt automatisch. Der Kochanzeigestift steigt nach oben. Gelb: die Garstufe ist fast erreicht. Die Hitze muss reduziert werden. Jetzt beginnt die Garzeit. Der Anzeigestift sollte in dieser Phase immer grün erscheinen. Wenn rot sichtbar wird: Hitze reduzieren.
Zum Öffnen bei der Expressküche den Topf unter fließendes, kaltes Wasser halten, bis sich der Kochanzeigestift senkt. Dann öffnen.

DIE MIKROWELLE arbeitet mit elektromagnetischen Wellen, die den Wasseranteil in Lebensmitteln erhitzen. Deshalb sollten die Gerichte immer abgedeckt sein: Sie trocknen sonst aus! Die Mikrowellentüre ist mit einem Metallgitter überzogen um zu verhindern, dass die Wellen austreten. Kleine Lebensmittelmengen lassen sich auf diese Weise in extrem kurzer Zeit erhitzen ohne anzubrennen. Die Mikrowelle ist ideal zum Aufwärmen von Tellergerichten und zum Auftauen von Tiefgefrorenem. Sinnvoll ist ein Ofen mit einer Kombi von Mikrowelle mit Umluft. Und keine Angst vor Wellen: Das Lebensmittel verändert sich beim Garen nicht anders als im Topf.

HÜLSENFRÜCHTE FÜR DEN VORRAT

Es lohnt sich, Hülsenfrüchte auf Vorrat zu kochen und einen Teil einzufrieren – als schnelle Reserve. Je älter sie sind, desto länger müssen sie garen! Am besten über Nacht in der doppelten Wassermenge einweichen, dann abspülen und mit Wasser bedeckt im Schnellkochtopf kochen. Das dauert je nach Sorte 10–20 Min. Hülsenfrüchte ohne Einweichen mit der dreifachen Wassermenge aufsetzen. Erst nach dem Kochen salzen und säuern. Hitzefeste Kräuter oder Gewürze ruhig vorher zugeben. Wer mag, kann eingeweichte Hülsenfrüchte auch ein paar Tage im Sieb keimen lassen. Morgens und abends unter fließendem Wasser spülen. Wenn sich die ersten weißen Stippen zeigen, wie eingeweichte Hülsenfrüchte kochen. 100 g Trockenware ergibt ca. 240 g gekochtes Gemüse.

GARZEITEN IM SCHNELLKOCHTOPF

Generell gilt: Je voller der Schnellkochtopf, desto länger ist die Garzeit. Das liegt an der längeren Ankochzeit. Ist die Drucktemperatur von etwa 120° erst einmal erreicht – nach dem Zischen, wenn der Anzeiger auf Grün steht – ist die Garzeit unabhängig von der Menge. Durch die hohe Temperatur, die unter Druck erreicht wird, ist der Schnellkochtopf in jeder Expressküche ein wahrer Zeitsparer. Aber Vorsicht: Das Gargut verkocht schnell, wenn die Garzeit zu lang ist.

> eingeweichte Hülsenfrüchte ca. 5–20 Min. bei Stufe 2, getrocknet knapp dreimal so lange je nach Sorte
> Gemüsebrühe ca. 8–10 Min. bei Stufe 2
> Pellkartoffeln (je nach Größe) 8–12 Min. und Salzkartoffeln 6–8 Min. bei Stufe 2
> Blumenkohl- und Rosenkohlröschen ca. 3–4 Min. bei Stufe 1
> Festeres Gemüse wie Kohlrabi, Kürbis, Möhren ca. 4–7 Min. bei Stufe 1
> Rote Bete ca. 15–20 Min. bei Stufe 1
> Gemüse-Eintopf ca. 4–8 Min. bei Stufe 2
> Hähnchen-/Pute (Brust oder Keule) ca. 15–20 Min. bei Stufe 2

PERFEKTE PLANUNG

Gut geplant ist halb gekocht und als »Meal Prep« schwer im Trend. Kein Wunder, denn durch das Vorbereiten und Vorkochen von ganzen Mahlzeiten oder einzelnen Komponenten von Gerichten verschafft ihr euch einen echten Zeitvorteil beim täglichen Sprint an den Herd. Bevor ihr mit dem Vorbereiten loslegt: Nehmt euch an einem Tag in der Woche etwa 30 Minuten Zeit, um das Essen für die nächsten Tage zu planen. Am besten beginnt ihr mit dem Vorbereiten für zwei bis drei Tage. Wenn ihr eine Routine beim Mealpreppen entwickelt habt, könnt ihr wie die Prep-Profis sogar gleich die ganze Woche durchplanen. Pro-Tipp: jedes Familienmitglied darf sich ein Lieblingsgericht aussuchen. So ist die Liste schnell voll und die Chance größer, dass alle am Tisch zufrieden sind. Beim Aufstellen des Speiseplans berücksichtigt ihr, was in den nächsten Tagen ansteht – bringen die Kinder z. B. jemanden zum Essen mit oder muss es an einem Tag wegen vieler Termine besonders schnell gehen? – und stimmt die Mahlzeiten darauf ab. Besonders clevere Prep-Rezepte findet ihr ab Seite 163, aber auch andere Gerichte in diesem Buch lassen sich ganz oder teilweise vorbereiten.

MEAL-PREP-HITS

SUPPEN & EINTÖPFE lassen sich meist komplett vorbereiten. Man kann sie problemlos in doppelter Menge zubereiten und auf Vorrat einfrieren.

SALATDRESSING eignet sich super zum Vorbereiten. Am besten gleich mehrere Portionen für die ganze Woche zubereiten und im Schraubglas kalt stellen. Den Blattsalat oder die Rohkost dazu dann frisch oder maximal einen Tag im Voraus zubereiten.

NUDELSAUCEN lassen sich fast immer ganz einfach vorkochen. Klassiker wie Tomatensauce oder Bolognese eignen sich auch sehr gut zum Einfrieren. Pesto hält sich in einem Schraubglas mit etwas Öl bedeckt mehrere Tage im Kühlschrank. Die Nudeln selbst schmecken frisch gekocht am besten – außer, sie werden für Aufläufe oder Gratins gebraucht. Dafür können sie auch gut vorgekocht werden.

KARTOFFELN brauchen relativ lang zum Kochen. Es lohnt sich daher, gleich mehr zu machen und einen Teil z. B. später zu Bratkartoffeln oder Kartoffelsalat zu verarbeiten.

REIS kann man wunderbar einfrieren und dann im Wasserbad als schnelle Beilage auftauen. Hier lohnt es sich, beim Reiskochen gleich ein paar Portionen mehr für den Vorrat oder für Reispfannen zu machen.

FLEISCHGERICHTE mit Sauce wie z. B. Gulasch oder Ragout kann man am Vortag zubereiten und dann kalt stellen oder einfrieren. Aufgewärmt schmecken sie meist sogar noch besser.

KRÄUTER wie z. B. Petersilie, Dill oder Schnittlauch gleich in größeren Mengen hacken und in einem Schraubglas einfrieren. So könnt ihr sie gefroren ruckzuck zum Verfeinern von Gerichten verwenden.

WAS HÄLT WIE LANGE?

Viele vorbereitete Speisen bleiben ein paar Tage frisch, wenn sie gut verpackt und sofort nach der Zubereitung gekühlt werden. Folgende Faustregeln gelten bei Gemüse: Je fester Gemüse ist, wie z. B. Weiß- oder Rotkohl, desto besser kann es vorbereitet und wieder aufgewärmt werden. Zarte Sorten und Blattgemüse eher frisch verwenden.
Entgegen aller Vorurteile dürfen auch Pilze wieder aufgewärmt werden. Wichtig dabei: Die Speisen sollten rasch und gut gekühlt und vor dem erneuten Verzehr auf mindestens 70 °C erhitzt, also noch mal gut aufgekocht werden. Das Gleiche gilt für Spinat und andere oxalsäurereiche Lebensmittel wie Mangold oder Rhabarber: rasch kühlen, gründlich erhitzen und nicht mehrmals aufwärmen.
Fleisch und Fisch hält sich verarbeitet am besten. Am besten nach Rezept zubereiten, verpacken und gleich kühlen. Trockenes Gebäck und Kuchen hält sich besser als gefüllte Torten.

WAS	WIE LANGE
Rohkost-Salat	1–2 Tage im Kühlschrank
Salat-Dressing	ca. 5 Tage im Kühlschrank
gekochte Nudeln, Kartoffeln, Reis	ca. 2 Tage im Kühlschrank, Reis tiefgekühlt ca. 3 Monate
Suppen, Eintöpfe und Saucen	ca. 3 Tage im Kühlschrank, tiefgekühlt bis zu 6 Monate
Fleischgerichte	ca. 2 Tage im Kühlschrank, tiefgekühlt 3–6 Monate
Fischgerichte	1–2 Tage im Kühlschrank, tiefgekühlt 3–4 Monate
Gemüsegerichte	2–3 Tage im Kühlschrank, tiefgekühlt 3–6 Monate
Desserts	2–3 Tage im Kühlschrank
herzhaftes Gebäck (z. B. Quiche)	ca. 3 Tage im Kühlschrank
süßes Gebäck (ohne Creme; z. B. Muffins oder Hefekuchen)	zugedeckt bei Zimmertemperatur 3–5 Tage, tiefgekühlt mind. 3 Monate
Brotaufstriche	5–7 Tage im Kühlschrank
Wurst-Aufschnitt	Brüh- und Fleischwurst, Kochschinken und andere empfindliche Sorten: 2–3 Tage im Kühlschrank Salami und roher Schinken: ca. 5 Tage im Kühlschrank
hart gekochte Eier (z. B. Ostereier)	abgeschreckt nach dem Kochen: ca. 3–4 Tage im Kühlschrank ohne Abschrecken nach dem Kochen und gekaufte Ostereier: ca. 4 Wochen im Kühlschrank
Dips und Pesto	bis zu 5 Tage im Kühlschrank

IST DAS NOCH FRISCH?

Damit das vorbereitete Essen appetitlich bleibt, die Gerichte so planen, dass leicht Verderbliches und Empfindliches wie Fleisch, Fisch, Kräuter, Salat oder manche Gemüsesorten als erstes verbraucht werden. Die vorbereiteten Speisen möglichst schnell verpacken und vor dem Kaltstellen oder Einfrieren nicht noch lange herumstehen lassen. Das schont die Nährstoffe und hindert Keime daran sich zu vermehren. Warme Gerichte vor dem Verpacken rasch auskühlen lassen. Empfindliche Speisen, z. B. mit Fleisch oder Fisch, auf den untersten Kühlschrankboden stellen. Dort ist die kälteste Zone im Kühlschrank. Seid ihr nicht sicher, ob ihr die Speisen rechtzeitig aufesst, friert ihr sie am besten gleich ein. Zum schonenden Auftauen über Nacht in den Kühlschrank stellen.

FIX & FERTIG

Zugegeben: Wenn der Magen knurrt, die Familie meutert und es schnell gehen muss, sind Fertigprodukte eine Erleichterung. Pizza, Lasagne oder die Dosensuppe bieten aber wenig wertvolle Nährstoffe, dagegen reichlich Kalorien. Und sie sind der Feind des natürlichen Geschmacks! Ab und zu kein Problem – aber keine Dauerlösung. Halbfertigprodukte wie Pasta, Gnocchi, Dosen- und Tiefkühl-Gemüse dagegen können die Küche schneller machen, ohne dass die Qualität leidet. Gute Produkte haben eine kurze Liste an Inhaltsstoffen, sind also meist pur und können die Alltagsküche wirklich entlasten. Aber Achtung, auch hier können Welten dazwischen liegen. Als Faustregel gilt: je kürzer die Zutatenliste, desto besser ist das Produkt. Wer hochwertige Zutaten verwendet, kommt ohne Konservierungsmittel, Geschmacksverstärker und Aromen aus. Beim nächsten Einkauf lohnt sich also ein genauer Blick auf das Etikett! Und für den eigenen Gewürzschrank? Sojasauce und Miso sind durch die Fermentierung wertvolle Würzmittel und viel gesünder als gekörnte Brühe oder Fertigwürze. Noch besser: Gewürze pur, Kräuter und Salz verwenden.

SO WIRD'S BESSER

Die Lebensmittelindustrie kann auch gute Dinge vorkochen. Was fehlt, sind frische Zutaten wie Gemüse und hochwertige Fette wie gute Öle, Kerne und Nüsse. Denn die begrenzen die Haltbarkeit. Nehmt Fertiges als Basis und peppt es mit Frischem auf: Dann stimmt die Mischung und alle werden satt.

PIZZA Wählt am besten eine Margherita. Zu Hause könnt ihr frische Kirschtomaten darauf verteilen und mit ein paar Nüssen und Saaten toppen. Schinken oder Salami oder frische Kräuter erst nach dem Backen daraufgeben und mit Olivenöl beträufeln. Das klappt auch mit Fertigteig aus der Kühltheke. Dann sind zusätzlich gehackte Tomaten (Dose) und Reibekäse nötig.

PASTA Teigwaren aus dem Kühlregal in der Pfanne mit TK-Gemüse oder Schnippel-Gemüse wie Zucchini, Paprika oder Kürbis braten, würzen und mit Käse bestreuen oder Kräuter-Frischkäse darin schmelzen lassen. Oder Ravioli, Maultaschen und Co. mit einem Mix aus Tomatenpüree und TK-Gemüse in eine Auflaufform schichten, mit Käse bestreuen und im Ofen überbacken.

SUPPEN Dosen-Suppen schmecken meist fad und machen nicht satt, sind aber eine gute Grundlage. Vor allem Tomaten-, Spargel-, Linsen-, Kürbis- und Möhrensuppe sind ok. Mit Schmand strecken, dann geschnittenes (TK-)Gemüse zugeben und damit es satt macht, mit Gehaltvollem toppen: in Butter geröstete Brotwürfel oder Nüsse und Kerne, Wienerle, kernweich gekochte Eihälften, Feta oder Reibekäse sind ideal.

SÜSS-ALARM Für ein schnelles süßes Mittagessen eignen sich Milchreis und Grießbrei aus der Tüte. Verwendet bei der Zubereitung etwas weniger Milch und mischt am Ende noch Joghurt oder Magerquark sowie eine Handvoll Nüsse unter. Dazu gibt's Obstmark aus dem Glas oder TK-Beeren.

DIE CHECKLISTE FÜR DEN EINKAUF VON FERTIGPRODUKTEN

Diese Tabelle hilft euch zu entscheiden, welche Produkte ihr mit gutem Gewissen aus dem Supermarkt-Regal nehmen könnt und worauf ihr achten solltet. Für alle gilt: keine künstlichen Aromen! Nicht, weil sie schädlich sind, sondern weil sie den Geschmack für natürliche Lebensmittel verderben. Aus dem gleichen Grund sind Geschmacksverstärker tabu.

KATEGORIE	UNSERE LIEBLINGE	BITTE BEACHTEN
Konserven	Zuckermais, Tomaten in jeder Form, Kichererbsen, Weiße Bohnen, Kidneybohnen, Sauerkraut	Ohne Zucker, ohne Aromen Ascorbinsäure ist der chemische Begriff für Vitamin C und dient als Antioxidationsmittel
	Artischocken	Ohne Zucker, ohne Öl
	Thunfisch	Ohne Öl, im eigenen Saft
	Dosenobst / Obst aus dem Glas	Ohne Zucker, im eigenen Saft
	TK-Kräuter	100 % Kräuter
TK-Produkte	TK-Erbsen / Gemüse	100 % Erbsen / Gemüse
	TK-Beeren	Ohne Zucker, 100 % Beeren
	TK-Rahmspinat	< 1 g Zucker / 100 g Enthält Magermilchpulver und Molkenerzeugnis
	Instant Kartoffelpüree	Ohne Emulgatoren, ohne Stabilisatoren, ohne Antioxidationsmittel
Trockenprodukte	Körnige Gemüsebrühe	Ohne Zucker, ohne Hefeextrakt, ohne Aroma
	Vanillepuddingpulver	Ohne Aroma, ohne Farbstoffe
	Gnocchi	Mind. 70 % Kartoffelanteil, ohne Emulgatoren, ohne Konservierungsstoffe, ohne Säureregulator, ohne Zucker, ohne Stabilisatoren
Tuben & Gläser	Tomatenmark	Ohne Salz, ohne Zitronensäure, ohne Zucker
	Pesto	Ohne Aromen, ohne Zucker, ohne Säureregulator
	Nussnugatcreme	Ohne Palmöl
	Kondensmilch (4 %)	Ohne Zucker, max. 4 % Fett
Milchprodukte	Hafermilch	Ohne Zucker, ohne Stabilisatoren
	Fruchtjoghurt	<10 g Zucker/100 g
Fleisch- und Wurstwaren		Salz: <1 g/100 kcal, Fett: < 20 %, ohne Nitritpökelsalz
Säfte		100 % Fruchtgehalt, Direktsaft, ohne Zuckerzusatz
Fisch		Salz: <1 g/100 kcal, Sollte das »Marine Stewardship Council«-Zeichen (MSC) tragen.

BIO-PRODUKTE KOMMEN MIT WENIGER ZUSATZSTOFFEN AUS!

Um ein Produkt haltbar zu machen, sind oft Zusatzstoffe notwendig, die sich hinter E-Nummern verstecken. Doch nicht jede E-Nummer stammt aus dem Chemielabor. Viele haben einen pflanzlichen Ursprung, wie Samen, Pflanzensaft oder Algen als Verdickungs- und Geliermittel. Oder wie Fruchtsäure, die als Säuerungsmittel eingesetzt wird. Andere sind identische Nachbauten natürlicher Stoffe, wie das Antioxidationsmittel Ascorbinsäure, das dem Vitamin C entspricht, oder der Karotten-Farbstoff Beta-Carotin. Wer möglichst wenig Zusatzstoffe haben möchte, sollte zu Bioprodukten greifen. Die EG-Öko-Verordnung erlaubt ca. 50 Zusatzstoffe, im Vergleich zu rund 330 genehmigten bei konventionellen Produkten.

Lieblings-GERICHTE

Spinat-COUSCOUS mit Feta

FÜR 4 PERSONEN

Für den Couscous
200 g Vollkorn-Couscous
1 Zwiebel
1 Knoblauchzehe
400 g Baby-Blattspinat
1 EL Olivenöl
Salz
Pfeffer
6 Soft-Datteln
je ½ Bund Petersilie und Minze
2 TL Honig

Für den Feta
1 Ei
Salz
Pfeffer
100 g Vollkorn-Semmelbrösel
200 g Schafskäse (Feta)
2 EL Olivenöl

Zubereitungszeit: ca. 25 Min.
Pro Portion ca. 520 kcal,
23 g E, 20 g F, 61 g KH

1 425 ml Wasser im Wasserkocher zum Kochen bringen. Couscous in eine Schüssel füllen und mit dem kochenden Wasser übergießen. Zugedeckt ca. 5 Min. ziehen lassen, zwischendurch umrühren.

2 Inzwischen für den Feta das Ei in einem tiefen Teller verquirlen, mit Salz und Pfeffer würzen. Die Semmelbrösel auf einen zweiten Teller streuen. Den Feta vierteln. Die Fetastücke erst im Ei, dann in den Semmelbröseln wenden. Das Öl in einer beschichteten Pfanne erhitzen und die panierten Fetastücke darin bei mittlerer Hitze auf jeder Seite in 2–3 Min. goldbraun braten. Herausnehmen und auf Küchenpapier entfetten.

3 Während der Feta brät, Zwiebel und Knoblauch schälen und würfeln. Spinat waschen, verlesen und abtropfen lassen. Das Öl in einer zweiten Pfanne erhitzen, Zwiebeln und Knoblauch darin andünsten. Den Spinat dazugeben und in 2–3 Min. unter Wenden zusammenfallen lassen. Mit Salz und Pfeffer würzen.

4 Die Datteln in Ringe schneiden. Die Kräuter waschen, trocken schütteln, die Blätter von den Stielen zupfen und hacken. Den Couscous mit einer Gabel auflockern. Den Spinat, die Datteln und die Kräuter unterheben. Den Couscous mit Salz, Pfeffer und Honig abschmecken. Mit Feta anrichten.

Goldene BROKKOLIPASTA

FÜR 4 PERSONEN

300 g Vollkorn-Nudeln | Salz | 450 g TK-Brokkoli | 50 g Walnusskerne | ½ Bio-Zitrone | 1 Dose weiße Bohnen (240 g Abtropfgewicht) | 1 Zwiebel | 1 Knoblauchzehe | 1 EL Olivenöl | 1 TL gemahlene Kurkuma | 1 Msp. gemahlener Kreuzkümmel | Pfeffer | 4 TL Pesto (Glas)

Zubereitungszeit: ca. 25 Min.

Pro Portion ca. 460 kcal, 21 g E, 15 g F, 62 g KH

1 Die Vollkorn-Nudeln nach Packungsanweisung in Salzwasser bissfest kochen. Dabei ca. 10 Min. vor Ende der Garzeit den TK-Brokkoli dazugeben und mitgaren. Inzwischen die Nüsse in einer Pfanne ohne Fett anrösten, bis sie duften. Herausnehmen und grob hacken. Die Zitrone heiß abwaschen, abtrocknen und ca. ½ TL Schale dünn abreiben. Den Saft auspressen.

2 Für die Sauce die Bohnen in ein Sieb abgießen und kalt abspülen. Die Zwiebel und den Knoblauch schälen und würfeln. Das Öl in einer Pfanne erhitzen, Zwiebeln und Knoblauch darin andünsten. Mit Kurkuma und Kreuzkümmel bestäuben. Die Bohnen, bis auf 2 EL, und 300 ml Nudel-Kochwasser dazugeben. Alles aufkochen und ca. 5 Min. köcheln lassen.

3 Pfanneninhalt in einen hohen Rührbecher oder Standmixer geben und cremig pürieren. Mit 3 TL Zitronensaft und -schale, Salz und Pfeffer abschmecken.

4 Die Nudeln und den Brokkoli abgießen und abtropfen lassen. Mit der Sauce mischen. Die übrigen Bohnen und die Nüsse unterheben. Nudeln und Brokkoli anrichten und mit je 1 TL Pesto beträufeln.

NUDELN mit Käse-Schinken-Sauce

FÜR 4 PERSONEN

300 g TK-Blumenkohl | 1 Zwiebel | 100 g Kochschinken | 3 TL Rapsöl | 1 gehäufter EL Mehl | 75 ml Milch | 60 g geriebener Emmentaler | 300 g Vollkorn-Spaghetti | Salz | 75 g Ricotta | 1 TL Zitronensaft | Pfeffer | frisch geriebene Muskatnuss | 1 EL gehackte TK-Petersilie

Zubereitungszeit: ca. 30 Min.

Pro Portion ca. 465 kcal, 26 g E, 15 g F, 57 g KH

1 TK-Blumenkohl in einen Topf geben, knapp mit Wasser bedecken, zugedeckt aufkochen und bei mittlerer Hitze in ca. 10 Min. weich kochen. Die Zwiebel schälen und würfeln. Den Schinken würfeln. Blumenkohl abgießen, 150 ml Kochwasser auffangen.

2 Das Öl in einem Topf erhitzen. Zwiebeln darin andünsten. Das Mehl darüberstäuben und kurz anschwitzen, Kochwasser und Milch dazugeben, alles unter Rühren aufkochen. Den Käse einrühren. Die Sauce ca. 10 Min. köcheln lassen. Inzwischen Spaghetti in Salzwasser nach Packungsanweisung bissfest garen.

3 Blumenkohl, Ricotta, Zitronensaft, Salz, Pfeffer und 1 Prise Muskat zur Sauce geben. Alles cremig pürieren. Schinken unterheben. Nudeln untermischen und mit Petersilie bestreuen.

CHICKEN-NUGGETS
mit Sonnenpolenta

FÜR 4 PERSONEN

250 g Möhren | 1 Zwiebel | 2 EL Butter | 220 g Polenta (Maisgrieß) | 600 ml Haferdrink | 1 Dose Mais (285 g Abtropfgewicht) | Salz | Pfeffer | edelsüßes Paprikapulver | 250 g Hähnchenbrustfilet | 40 g Sesamsamen | 1 Handvoll Kirschtomaten

Zubereitungszeit: ca. 15 Min. | Backzeit: ca. 15 Min.
Pro Portion ca. 470 kcal, 24 g E, 14 g F, 64 g KH

1 Den Backofen auf 220° Umluft vorheizen, ein Backblech mit Backpapier auslegen und mit aufheizen.

2 Die Möhren waschen und schälen. Die Zwiebel schälen und grob zerteilen. Beides kurz im Blitzhacker zerkleinern. Die Butter in einem Topf erhitzen und Möhren- und Zwiebelraspel darin andünsten. Polenta dazugeben, mit Haferdrink angießen und aufkochen. Mais mitsamt Sud ebenfalls dazugeben. Mit Salz, Pfeffer und Paprikapulver würzen. Vom Herd nehmen und zugedeckt ca. 10 Min. quellen lassen.

3 Die Hähnchenbrust trocken tupfen, in Streifen schneiden und mit Salz, Pfeffer und Sesam mischen. Die Tomaten waschen. Hähnchenstreifen und Tomaten auf dem Blech verteilen und im heißen Ofen (Mitte) ca. 15 Min. garen. Mit Polenta servieren.

VARIANTE

Statt Hähnchenbrust 200 g fettarmen (oder 150 g normalen) Feta in fingerdicke Streifen schneiden, in 20 g Sesam wenden und im Ofen backen.

HÄHNCHEN
mit Couscous

FÜR 4 PERSONEN

3 EL Mehl (Type 1050) | Salz |
edelsüßes Paprikapulver | Pfeffer |
300 g Hähnchengeschnetzeltes | 1 kleine Stange
Lauch | 2 EL Öl | 500 g kleine Champignons |
1 EL Kräuterbutter | 200 g Couscous | 200 g Kräuter-Crème-fraîche (fettarm)

Zubereitungszeit: ca. 20 Min.
Pro Portion ca. 555 kcal, 30 g E, 26 g F, 49 g KH

1 Mehl, Salz, Paprikapulver und Pfeffer in einem tiefen Teller mischen. Das Geschnetzelte darin wenden. Den Lauch putzen, gründlich waschen, quer halbieren, die Hälften nebeneinander legen und in feine Scheiben schneiden.

2 Das Öl in einer Pfanne erhitzen und das Fleisch mit dem Lauch darin anbraten. Die Pilze bei Bedarf abreiben. Dazugeben, 100 ml Wasser angießen, den Deckel auflegen, Hitze reduzieren und alles ca. 6 Min. garen.

3 Inzwischen Wasser im Wasserkocher aufkochen, 400 ml mit Salz und Kräuterbutter zum Couscous geben. Alles einmal aufkochen, verrühren und zugedeckt ziehen lassen.

4 Kräuter-Crème-fraîche unter das Ragout ziehen, abschmecken, bei Bedarf mit etwas Wasser verdünnen. Couscous mit einer Gabel auflockern und mit dem Ragout servieren.

EXPRESS-TIPP

Mehl-Würz-Mix in einer Tüte mischen und das Geschnetzelte darin schütteln und kneten.

BLUMENKOHL-Brokkoli-Curry

FÜR 4 PERSONEN

½ Bund Frühlingszwiebeln | 1 Stück Ingwer (1 cm lang) | 1 EL Öl | 1 EL Currypulver | 1 TL gemahlener Kreuzkümmel | 1 Dose stückige Tomaten (400 g) | 400 g TK-Blumenkohl | 400 g TK-Brokkoli | 180 g Basmati-Reis | 50 g Cashewkerne | 100 ml Kokosmilch | 1 EL ungesüßtes Erdnussmus | Salz | Pfeffer | 3 TL Zitronensaft | 1 Prise Zucker

Zubereitungszeit: ca. 25 Min.

Pro Portion ca. 425 kcal, 14 g E, 19 g F, 51 g KH

1 Die Frühlingszwiebeln waschen und putzen. Den weißen Teil fein hacken, den grünen Teil in Ringe schneiden. Ingwer schälen und würfeln. Das Öl in einem weiten Topf erhitzen. Das Zwiebelweiß und den Ingwer darin andünsten. Currypulver und Kreuzkümmel kurz mitbraten. Die Tomaten und 100 ml Wasser angießen. TK-Blumenkohl und -Brokkoli dazugeben. Aufkochen und zugedeckt 15 Min. köcheln lassen.

2 Den Reis nach Packungsanweisung zubereiten. Die Cashewkerne in einer Pfanne ohne Fett anrösten, bis sie duften, herausnehmen.

3 Kokosmilch und Erdnussmus in das Curry rühren. Mit Salz, Pfeffer, Zitronensaft und 1 Prise Zucker abschmecken. Das Curry mit Frühlingszwiebelgrün und Cashewkernen bestreuen und mit Reis servieren.

Gelbes LINSENCURRY mit Gurkenjoghurt

FÜR 4 PERSONEN

1 Zwiebel | 1 Stück Ingwer (2 cm lang) | 1 EL Öl | 1 TL Currypulver | 1 TL Garam Masala (indische Gewürzmischung; ersatzweise Currypulver) | 200 g gelbe Linsen | 450 g TK-Blumenkohl | 250 g TK-Erbsen | 1 Dose stückige Tomaten (400 g) | ½ Salatgurke | ½ Bund Minze | 250 g griechischer Joghurt (5 % Fett) | Salz | 1 Packung Naan (indisches Fladenbrot; ersatzweise Pita-Brot) | Pfeffer | 2–3 TL Zitronensaft | 1 EL Mango-Chutney

Zubereitungszeit: ca. 25 Min.

Pro Portion ca. 520 kcal, 32 g E, 11 g F, 72 g KH

1 Die Zwiebel und den Ingwer schälen und klein würfeln. Das Öl in einem Topf erhitzen. Die Zwiebeln und den Ingwer darin andünsten. Currypulver und Garam Masala einrühren, kurz mitbraten. Die Linsen, TK-Blumenkohl und -Erbsen, Tomaten und 750 ml Wasser hinzufügen. Alles zugedeckt aufkochen, dann ohne Deckel bei mittlerer Hitze ca. 15 Min. garen. Ab und zu umrühren.

2 Inzwischen die Gurke waschen, längs halbieren und die Kerne mit einem Teelöffel herauskratzen. Das Fruchtfleisch in groben Stücken in den Blitzhacker geben. Die Minze waschen, trocken schütteln, Blätter von den Stielen zupfen und ebenfalls in den Blitzhacker geben. Beides zerkleinern und unter den Joghurt mischen. Mit Salz abschmecken. Naan nach Packungsanweisung aufbacken.

3 Das Curry mit Salz, Pfeffer, Zitronensaft und Mango-Chutney abschmecken und mit dem Brot und dem Gurken-Joghurt servieren.

BLUMENKOHL-
couscous mit Bratklößchen

FÜR 4 PERSONEN

750 g Blumenkohl
2 EL Öl
200 g Couscous
Salz
Pfeffer
300 g rohe Bratwürstchen
40 g Tomatenmark
200 ml Kondensmilch (4 % Fett)

Zubereitungszeit: ca. 25 Min.
Pro Portion ca. 535 kcal,
21 g E, 29 g F, 47 g KH

1 Den Blumenkohl von den Blättern befreien, waschen und in Röschen teilen. Röschen und Strunk mit der Küchenmaschine fein raspeln. 1 EL Öl in einen Topf geben und den Blumenkohl darin 1–2 Min. andünsten. Mit 400 ml Wasser ablöschen, dann 5–10 Min. kochen lassen. Couscous dazugeben, mit Salz und Pfeffer würzen. Herd ausschalten und 5 Min. quellen lassen.

2 Übriges Öl in einer Pfanne erhitzen. Die Bratwurstmasse portionsweise aus der Pelle direkt in die Pfanne drücken, anbraten. Tomatenmark dazugeben, weiterbraten, mit Kondensmilch und ca. 100 ml Wasser verdünnen, aufkochen und mit Salz und Pfeffer abschmecken. Zum Couscous reichen.

TIPP

Bei einem großen Blumenkohl übrige Röschen roh für die Brotzeitbox verwenden. Oder im Backofen mit Gewürzen und etwas Öl bei 200° 20 Min. rösten.

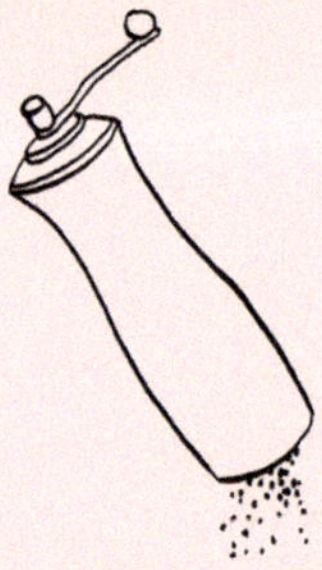

VEGGIE-CHILI
in Tortilla-Bowls

FÜR 4 PERSONEN

1 Zwiebel | 2 rote Paprika | 2 EL Öl | 1 Dose Kidneybohnen (240 g Abtropfgewicht) | 1 Dose Mais (240 g Abtropfgewicht) | 2 Dosen stückige Tomaten (à 400 g) | 1 TL geräuchertes Paprikapulver (ersatzweise edelsüßes Paprikapulver) | 1 Prise Zimtpulver | 1 Spritzer Agavendicksaft | 4 Vollkorn-Tortillas (Weizenfladen) | ½ reife Avocado | Saft von ½ Limette | Salz | Pfeffer | etwas Öl zum Bestreichen

Zubereitungszeit: ca. 25 Min.

Pro Portion ca. 435 kcal, 16 g E, 18 g F, 56 g KH

1 Den Backofen auf 180° vorheizen. Für das Chili die Zwiebel schälen und würfeln. Die Paprika waschen, halbieren, weiße Trennwände und Kerne entfernen und würfeln. Das Öl in einem Topf erhitzen, beides darin andünsten. Bohnen und Mais in ein Sieb abgießen, kalt abspülen und abtropfen lassen. Beides mit Tomaten, Gewürzen und Agavendicksaft in den Topf geben, aufkochen und ca. 15 Min. köcheln lassen, bis das Chili dicklich wird. Öfter umrühren.

2 Inzwischen für die Bowls 4 ofenfeste Müslischalen umgedreht auf ein Backblech stellen. Die Tortillas auf einer Seite dünn mit Öl einpinseln, über je eine Schale legen und an den Seiten andrücken. Im heißen Ofen ca. 8 Min. backen. Blech herausnehmen, Tortillas auf den Schalen etwas abkühlen lassen.

3 Die Avocado schälen, entsteinen und mit Limettensaft beträufeln. Mit einer Gabel zerdrücken, salzen und pfeffern. Das Chili mit Salz und Pfeffer abschmecken. Tortilla-Bowls von den Schalen lösen, mit Chili füllen und mit Avocadocreme servieren.

SUSHI-BOWLS
mit Räucherlachs

FÜR 4 PERSONEN

150 g Sushi-Reis | 100 g weiße Quinoa | 3 EL Reisessig | 1 TL Zucker | 2 Nori-Blätter (à 3 g) | 1 kleine Salatgurke | 3 Möhren | ½ Avocado | 1 TL Limettensaft | 100 g Räucherlachs in Scheiben | Sojasauce und Wasabi zum Servieren (nach Belieben)

Zubereitungszeit: ca. 30 Min.

Pro Portion ca. 290 kcal, 7 g E, 7 g F, 49 g KH

1 Reis und Quinoa in ein feines Sieb geben und unter kaltem Wasser gut abspülen. Beides mit 350 ml Wasser in einen Topf geben, aufkochen und ca. 10 Min. zugedeckt köcheln lassen. Topf vom Herd nehmen, Reis-Mix ca. 10 Min. zugedeckt ziehen lassen.

2 Inzwischen Reisessig und Zucker unter Rühren aufkochen, bis der Zucker sich aufgelöst hat. Nori-Blätter mit einer Schere in Streifen schneiden. Die Gurke waschen, putzen, längs halbieren und die Kerne mit einem Teelöffel herauskratzen. Fruchtfleisch in feine Scheiben hobeln oder schneiden.

3 Die Möhren waschen, schälen und im Blitzhacker oder auf einer Küchenreibe grob raspeln. Die Avocado schälen, entsteinen und das Fruchtfleisch in Spalten schneiden, mit Limettensaft beträufeln. Den Lachs in Streifen schneiden.

4 Die Essig-Mischung unter den Reis-Mix rühren und auf 4 Schalen verteilen. Alle vorbereiteten Zutaten auf dem Reis anrichten. Nach Belieben Sojasauce und Wasabi dazureichen.

KNUSPERFISCH
mit Erbsenpüree

FÜR 4 PERSONEN

Für das Püree

500 g mehligkochende Kartoffeln
Salz
250 g TK-Erbsen
150 ml Milch
1 EL Butter
frisch geriebene Muskatnuss

Für den Fisch

400 g Kabeljaufilet
1 kleines Bund Dill
½ Bio-Zitrone
25 g Pinienkerne
25 g Semmelbrösel
3 EL Olivenöl
Salz
Pfeffer

Zubereitungszeit: ca. 30 Min.
Pro Portion ca. 355 kcal,
26 g E, 13 g F, 33 g KH

1 Den Backofen auf 200° vorheizen. Für das Püree die Kartoffeln schälen, waschen und in ca. 2 cm große Würfel schneiden. In Salzwasser ca. 15 Min. garen, bis sie weich sind. 5 Min. vor Ende der Garzeit die TK-Erbsen dazugeben und mitgaren.

2 Inzwischen für den Knusperfisch das Fischfilet trocken tupfen. Auf ein mit Backpapier belegtes Backblech legen. Den Dill waschen, trocken schütteln und fein hacken. Die Zitrone heiß abwaschen, abtrocknen und die Schale fein abreiben. Die Zitrone auspressen.

3 Die Pinienkerne in einer Pfanne ohne Fett goldbraun rösten, herausnehmen und grob hacken. Mit Semmelbröseln, Zitronenschale, Dill und Olivenöl mischen, mit Salz und Pfeffer würzen. Den Fisch mit 1 TL Zitronensaft beträufeln. Die Masse gleichmäßig darauf verteilen und glatt streichen. Den Fisch im heißen Ofen (Mitte) ca. 15 Min. garen.

4 Kartoffel-Erbsen-Mix abgießen. Milch und Butter im Topf erhitzen. Kartoffel-Erbsen-Mix dazugeben und zerstampfen. Mit Salz und 1 Prise Muskat abschmecken. Den Knusperfisch mit dem Erbsenpüree servieren.

LACHSRAGOUT *mit Pasta*

FÜR 4 PERSONEN

400 g Süßkartoffeln | 1 Zwiebel | 1 EL Öl | Salz | Pfeffer | 250 g Lachsfilet (ohne Haut) | 2 EL Orangensaft | 1 Dose gehackte Tomaten (400 g) | 3 EL Crème fraîche | Currypulver | 250 g Gabelspaghetti

Zubereitungszeit: ca. 30 Min.

Pro Portion ca. 560 kcal, 22 g E, 19 g F, 73 g KH

1 Die Süßkartoffeln waschen und schälen, in kleine Würfel schneiden. Zwiebel ebenfalls schälen und würfeln. Das Öl in einer tiefen Pfanne erhitzen, Süßkartoffeln und Zwiebeln darin andünsten. Mit Salz und Pfeffer würzen. Zugedeckt ca. 10 Min. garen.

2 Inzwischen den Lachs trocken tupfen und in 2 cm große Würfel schneiden. Salzen, pfeffern und mit Orangensaft beträufeln.

3 Die Tomaten zum Gemüse geben und kurz einkochen lassen. Mit Crème fraîche und Currypulver abschmecken. Lachswürfel unterziehen und nur noch heiß werden lassen.

4 Inzwischen die Nudeln nach Packungsanweisung bissfest kochen, abgießen und kurz abtropfen lassen. Mit dem Lachsragout servieren.

EXPRESS-TIPP

Das Nudelwasser immer im Wasserkocher zum Kochen bringen und dann in einen Topf umgießen – das spart Zeit und Energie.

ZUCCHINIRISOTTO
mit Fischknusper

FÜR 4 PERSONEN

850 g Zucchini | 1 EL Butter | Salz | Pfeffer | 200 g Risottoreis | 1 Bio-Zitrone | 300 g weißes, flaches Fischfilet | 2 EL gemahlene Kurkuma | Öl zum Braten | 100 g Mascarpone

Zubereitungszeit: ca. 30 Min.

Pro Portion ca. 490 kcal, 19 g E, 24 g F, 49 g KH

1 Die Zucchini waschen und putzen. Zucchini mit der Küchenmaschine grob raspeln. Die Butter in einer Pfanne erhitzen und die Zucchiniraspel darin andünsten. Mit Salz und Pfeffer würzen.

2 Reis dazugeben, Deckel auflegen und zugedeckt sanft dünsten. Sobald der Reis beginnt anzusetzen, insgesamt ca. 250 ml Wasser dazugeben und 20 Min. quellen lassen. Alle 5 Min. umrühren.

3 Inzwischen die Zitrone waschen, halbieren und 2 Scheiben aus der Mitte schneiden. Schale von beiden Enden abreiben und den Saft auspressen.

4 Fisch trocken tupfen, in mundgerechte Stücke schneiden und mit 1 EL Zitronensaft beträufeln. Kurkuma mit ½ TL Salz in einen tiefen Teller geben und die Fischwürfel darin wenden. Das Öl in einer Pfanne erhitzen und den Fisch darin knusprig braten.

5 Risotto mit Mascarpone, Zitronenschale und -saft würzen, mit Fisch und Zitronenscheiben servieren.

EXPRESS-TIPP

Statt Risottoreis Vollkornreisflocken verwenden und den Fisch durch 80 g Reibekäse ersetzen.

RAHMSCHNITZEL

mit Spätzle

FÜR 4 PERSONEN

Salz
2 Stangen Lauch (ca. 750 g)
1 EL Mehl (Type 1050)
1 TL Currypulver
Pfeffer
4 kleine Putenschnitzel (ca. 300 g)
2 EL Rapsöl
200 g Spätzle
100 g Sojacreme
40 g Reibekäse

Zubereitungszeit: ca. 30 Min.
Pro Portion ca. 250 kcal, 25 g E, 13 g F, 8 g KH

1 Für die Spätzle 2 l Wasser mit etwas Salz zum Kochen bringen. Den Lauch putzen, gründlich waschen und die Stangen in feine Scheiben schneiden.

2 Mehl, Currypulver, Salz und Pfeffer in einem Teller mischen und die Putenschnitzel darin wälzen. 1 EL Öl in einer Pfanne erhitzen und die Schnitzel darin von beiden Seiten 2–3 Min. anbraten. Aus der Pfanne nehmen.

3 Übriges Öl in die Pfanne geben und den Lauch darin andünsten. 150 ml Wasser dazugeben und den Lauch zugedeckt ca. 10 Min. garen. Inzwischen die Spätzle ins kochende Wasser geben und in ca. 15 Min. gar kochen.

4 Sojacreme und Reibekäse zum Lauch geben, Käse bei kleiner Hitze schmelzen. Die Sauce mit Salz und Pfeffer abschmecken. Die Putenschnitzel zum Erwärmen kurz obenauf legen, auf Teller verteilen und mit den Spätzle servieren.

EXPRESS-TIPP

Lauch in 2 Hälften teilen, die Hälften nebeneinander auf ein Schneidebrett legen und die 4 Stücke gleichzeitig schneiden.

TIPP

Für Lauchmuffel den gedünsteten Lauch fein pürieren und zusätzlich 3–4 EL Tomatenmark zur Sauce geben.

GRÜNE SAUCE
mit rosa Reis

FÜR 4 PERSONEN

200 g Basmati-Reis | Salz | 4 Eier | 1 Bund Radieschen mit Grün | 300 ml Gemüsebrühe | 1 TL Mehl (Type 1050) | 200 g Schmand | 1 TL Ahornsirup | Pfeffer

Zubereitungszeit: ca. 25 Min.

Pro Portion ca. 235 kcal, 10 g E, 18 g F, 7 g KH

1 400 ml Wasser mit Reis und Salz in einen Topf geben und zum Kochen bringen. Zugedeckt bei kleiner Hitze 15 Min. quellen lassen. Die Eier in ca. 6 Min. kernweich kochen und abschrecken.

2 Die Radieschen putzen, vom Grün trennen und waschen. Das Grün ebenfalls waschen und trocken schütteln. Grobe Stiele entfernen. Etwas Radieschengrün und 1 Radieschen beiseitelegen. Die Radieschen im Blitzhacker sehr grob hacken, herausnehmen.

3 Das Radieschengrün mit 100 ml Gemüsebrühe und dem Mehl im Blitzhacker pürieren. In einen Topf geben und mit der übrigen Gemüsebrühe aufkochen. Den Schmand unterziehen. Mit Ahornsirup, Salz und Pfeffer abschmecken. Die Eier pellen und halbieren.

4 Die gehackten Radieschen unter den Reis ziehen und zusammen mit der Sauce, den Eihälften, beiseitegelegtem Radieschengrün und Radieschen anrichten.

MÖHRENSPAGHETTI
mit Ei

FÜR 4 PERSONEN

700 g Möhren mit Grün | Salz | 4 Eier | 100 ml Milch | Pfeffer | frisch geriebene Muskatnuss | 250 g Spaghetti | 1 EL Currypulver | 200 g Kochsahne (50 % Fett) | 1 EL Rapsöl

Zubereitungszeit: ca. 20 Min.

Pro Portion ca. 485 kcal, 19 g E, 19 g F, 60 g KH

1 Die Möhren waschen und mit der Küchenmaschine in dünne Scheiben hobeln. 20 g Möhrengrün waschen, trocken schütteln und fein hacken.

2 Einen großen Topf zur Hälfte mit Wasser füllen, Salz hinzufügen und zum Kochen bringen. Eier, Milch und Möhrengrün in einer Schüssel verquirlen und mit Salz, Pfeffer und 1 Prise Muskat würzen.

3 Die Spaghetti ins Wasser geben und in 8 Min. bissfest kochen. Kurz vor Ende der Kochzeit Möhren und Currypulver 4 Min. mitkochen. Nudeln und Möhren abgießen, 200 ml Sud auffangen. Mit Sahne in einem kleinen Topf zum Kochen bringen und ca. 5 Min. einkochen lassen.

4 Inzwischen das Öl in einer Pfanne erhitzen, die Eiermasse bei geringer Hitze zu Rührei braten. Die abgetropften Möhrenspaghetti unter die Sahnesauce ziehen, mit Rührei toppen.

Herzhafte Torte mit OFENGEMÜSE

FÜR 4 PERSONEN

300 g kleine Champignons
200 g Kirschtomaten
250 g kleine Zucchini
3 EL Olivenöl
Salz
Pfeffer
3 Eier
100 ml Milch
2 EL Schnittlauchröllchen (TK oder getrocknet)
250 g Brot vom Vortag (Misch-, Weizen- oder Dinkelbrot)
125 g Kräuter-Crème-fraîche

Zubereitungszeit: ca. 25 Min.
Pro Portion ca. 430 kcal, 15 g E, 25 g F, 35 g KH

1 Den Backofen auf 200° vorheizen. Die Pilze putzen. Tomaten waschen. Zucchini waschen und die Enden abschneiden. Zucchini in fingerdicke Scheiben schneiden. Das vorbereitete Gemüse in einer Schüssel mit 2 EL Öl, Salz und Pfeffer vermischen, auf einem Backblech verteilen und 15 Min. im heißen Ofen (Mitte) garen.

2 Die Eier mit Milch, Salz, Pfeffer und Schnittlauch verquirlen. Das Brot in Würfel schneiden und zum Eiermix geben. In einer großen Pfanne 1 EL Öl zerlassen, Brotmasse dazugeben und zugedeckt ca. 5 Min. stocken lassen. Auf eine Konditorpalette gleiten lassen, in die Pfanne stürzen und fertig backen.

3 Den Brotfladen auf eine Tortenplatte geben, mit Crème fraîche bestreichen und das Ofengemüse gleichmäßig darauf verteilen. Die Gemüsetorte in 8 Stücke schneiden und servieren. Dazu schmeckt ein grüner Salat.

EXPRESS-TIPP

Mit Vollkorntoast geht's am schnellsten. Ist das Brot sehr hart, vor der Zubereitung 5 Min. im Eier-Milch-Mix einweichen.

VARIANTEN

Schmeckt auch mit Blumenkohl-, Rosenkohl- oder Brokkoliröschen, Möhrenstückchen oder Kürbiswürfeln. Statt Kräuter-Crème-fraîche passen Hummus, Guacamole oder Ajvarrahm.

HIRSOTTO
mit Kohlrabi

FÜR 4 PERSONEN
220 g Hirse
400 ml Gemüsebrühe
50 ml Apfelsaft
700 g Kohlrabi mit Grün
1 EL Rapsöl
Salz
Pfeffer
100 g Schmand
100 g Schafskäse (Feta)

Zubereitungszeit: ca. 25 Min.
Pro Portion ca. 365 kcal,
13 g E, 15 g F, 44 g KH

1 Hirse mit Gemüsebrühe und Apfelsaft in einen Topf füllen, aufkochen und zugedeckt bei kleiner Hitze ca. 20 Min. quellen lassen.

2 Inzwischen die Kohlrabi waschen, schälen und in Spalten schneiden. Das Kohlrabigrün waschen, trocken schütteln und beiseitelegen. Das Öl in einer Pfanne erhitzen und die Kohlrabispalten darin andünsten. 100 ml Wasser angießen, salzen, pfeffern und zugedeckt ca. 15 Min. garen.

3 Kohlrabiblätter und -stiele im Blitzhacker zerkleinern. 4 EL Kohlrabimasse zu den Kohlrabispalten geben, mit Schmand, Salz und Pfeffer abschmecken. Den Schafskäse hacken.

4 Hirsotto mit dem Feta und dem übrigen Blattmus mischen, erhitzen, abschmecken und zu den Kohlrabispalten reichen.

VARIANTE
Statt Kohlrabi Möhren oder Hokkaido-Kürbis oder Mairübchen nehmen. Auch toll: statt Gemüsebrühe Tomatensaft verwenden.

TIPP
Stiele und Blätter von Kohlrabi schmecken würzig und sind besonders Vitamin-C-reich.

Erdnuss-HÄHNCHEN mit Möhrenreis

FÜR 4 PERSONEN

250 g Möhren
2 EL Öl
1 EL Kokosraspel
200 g Basmati-Reis
Salz
4 EL ungesüßtes Erdnussmus
4 EL Kokosmilch
2 EL süßsauer Sauce
etwas Limettensaft
400 g Hähnchenbrustfilet
Pfeffer
Limettenspalten zum Servieren

Zubereitungszeit: ca. 30 Min.
Pro Portion ca. 515 kcal,
34 g E, 21 g F, 45 g KH

1 Die Möhren waschen, putzen und in grobe Stücke schneiden. Im Blitzhacker zerkleinern. Alternativ auf einer Küchenreibe grob raspeln. 1 EL Öl in einem Topf erhitzen, die Möhrenraspel darin unter Wenden 2–3 Min. andünsten. Die Kokosraspel und den Reis dazugeben und kurz mitdünsten. 400 ml Wasser dazugießen und mit Salz würzen. Alles einmal aufkochen und den Reis nach Packungsanweisung garen. Ab und zu umrühren.

2 Inzwischen für die Sauce Erdnussmus, Kokosmilch und süßsauer Sauce verrühren. Vorsichtig unter Rühren 2–3 Min. erhitzen, aber nicht kochen. Mit Limettensaft und Salz abschmecken. Bei Bedarf esslöffelweise mit Wasser verdünnen. Die Sauce warm halten.

3 Das Fleisch trocken tupfen, mit Salz und Pfeffer würzen und im übrigen Öl in einer beschichteten Pfanne pro Seite 5–6 Min. braten. Hähnchenfilet in Scheiben schneiden, mit Erdnusssauce, Reis und Limettenspalten anrichten und servieren.

TIPP

Wird die Erdnusssauce zu heiß, trennt sich das Öl vom Rest der Sauce. Dann einfach 1–2 EL kaltes Wasser kräftig unterrühren, bis sich alles wieder verbindet.

VARIANTE

Wer den Gemüseanteil erhöhen möchte, verwendet für den Gemüsereis 125 g Möhren und 250 g geraspelten Blumenkohl.

HÜLSENFRUCHTPASTA …

… kann aus Linsen, Kichererbsen, Sojabohnen, Erbsen oder Lupinen sein. Vorteil: Sie benötigen weniger Kochzeit. Und sie enthalten mehr Ballaststoffe und Eiweiß als normale Nudeln – und machen dadurch länger satt. Da reicht dann auch eine Veggie-Sauce für eine volle Mahlzeit! 300 g Pasta mit 2 l Wasser zum Kochen bringen, nach ca. 3 Min. abgießen, in 1–2 EL Öl schwenken.

Paprika-Nuss-Sauce

1 Glas geröstete rote Paprika (180 g Abtropfgewicht) abgießen und abtropfen lassen, 2 EL Öl auffangen. 75 g Walnusskerne in einer Pfanne ohne Fett anrösten. 1 Knoblauchzehe schälen. Paprika, Nüsse, aufgefangenes Öl, Knoblauch, 2 EL Sahne und 20 g Vollkorn-Semmelbrösel fein pürieren. Mit Salz und Pfeffer abschmecken. 3 Stiele Basilikum waschen, trocken schütteln, Blätter von den Stielen zupfen und fein schneiden. Über die Sauce streuen.

Möhrenschmeichler

2 Gläser Möhrenmus (300 g) mit 100 g Frischkäse erhitzen, mit Salz, Pfeffer, Currypulver und 1 Schuss Orangen- oder Möhrensaft abschmecken. Mit 50 g gesalzenen Erdnüsse toppen.

Spinat-Kichererbsentraum

1 Packung TK-Rahmspinat-Minis (450 g) mit 240 g abgetropften Kichererbsen (1 Dose) in einen Topf füllen, erhitzen und 50 g Tahin unterrühren.

Erbsenpesto

250 g TK-Erbsen mit 25 g Cashewkernen in eine Schüssel geben, mit kochendem Wasser übergießen und ca. 5 Min. ziehen lassen. 40 g Parmesan grob reiben. 1 Knoblauchzehe schälen. 1 Bund Basilikum waschen, trocken schütteln und grob hacken. Erbsen und Cashewkerne abgießen, das Wasser auffangen. Erbsen mit Cashewkernen, Basilikum, Parmesan, Knoblauch, 2 EL Zitronensaft, 4 EL Olivenöl und 2 EL Einweichwasser fein pürieren. Mit Salz, Pfeffer und etwas abgeriebener Bio-Zitronenschale abschmecken.

Apfel-SCHLEMMERSPEISE

FÜR 4 PERSONEN

1 kg Äpfel | 1 EL Butter | etwas Zimtpulver | 100 g Hefezopf vom Vortag (ersatzweise Zwieback) | 20 g Sesam | 20 g Pinienkerne | 500 g Joghurt (3,5 % Fett) | 3 EL Honig

Zubereitungszeit: ca. 25 Min.

Pro Portion ca. 250 kcal, 9 g E, 14 g F, 47 g KH

1 Die Äpfel waschen, vierteln und das Kerngehäuse entfernen. Nur wenn nötig schälen. In einem großen, flachen Topf die Butter zerlassen, Apfelspalten andünsten, mit Zimtpulver würzen und bei kleiner Hitze zugedeckt in ca. 8 Min. zusammenfallen lassen.

2 Inzwischen den Zopf in kleine Stücke brechen. Die Sesamsamen und Pinienkerne in einer Pfanne ohne Fett anrösten, bis sie duften.

3 Den Joghurt mit Honig cremig rühren. Im Wechsel Apfelmus, Zopf und Joghurt mit etwas Sesam und Pinienkernen in 4 Dessertschalen schichten, mit Joghurt enden. Frisch servieren.

EXPRESS-TIPP

700 g fertiges Apfelmus verwenden, statt das Apfelmus selbst zuzubereiten.

Stracciatella-GRIESSSPEISE mit Erdbeeren

FÜR 4 PERSONEN

750 ml Milch | 1 Päckchen Vanillezucker | 1 Prise Salz | 75 g Dinkel-Vollkorngrieß | 400 g Erdbeeren | 30 g Zartbitter-Schokolade | 100 g Magerquark

Zubereitungszeit: ca. 25 Min.

Pro Portion ca. 275 kcal, 13 g E, 10 g F, 31 g KH

1 Die Milch mit dem Vanillezucker und Salz in einem Topf aufkochen. Den Grieß unter Rühren mit einem Schneebesen einstreuen und 2–3 Min. unter Rühren köcheln lassen. Vom Herd nehmen und ca. 10 Min. abkühlen lassen.

2 Inzwischen die Erdbeeren waschen, trocken tupfen, putzen und je nach Größe vierteln oder halbieren. Die Schokolade grob hacken.

3 Den Quark unter den abgekühlten Grießbrei rühren. Schokolade unterheben. Die Grießspeise auf 4 Schälchen verteilen, die Erdbeeren aufstreuen. Nach Belieben sofort servieren oder kalt stellen.

VARIANTEN

Für eine nussige Variante statt Milch Haselnuss- oder Mandeldrink verwenden und statt Schokolade fertiges Haselnuss-Krokant oder gehackte gebrannte Mandeln über die fertige Grießspeise streuen. Statt Beeren könnt ihr auch andere Früchte verwenden, z. B. Kirschen aus dem Glas, frische oder TK-Mango oder Nektarinen.

6

RIESENPANCAKE
mit Fruchtquark

FÜR 4 PERSONEN

2 Dosen Mandarinen (in Saft; à 175 g Abtropfgewicht) | 3 Eier | 400 g Magerquark | 80 g Dinkelmehl (Type 1050) | 40 g gemahlene Mandeln | ½ TL Backpulver | 1 Prise Salz | 3 EL Honig | 2 EL Butter | Puderzucker zum Bestäuben

Zubereitungszeit: ca. 30 Min.

Pro Portion ca. 430 kcal, 23 g E, 22 g F, 35 g KH

1 Die Mandarinen in ein Sieb abgießen, den Saft auffangen. Die Eier trennen, Eiweiße steif schlagen. Die Eigelbe mit 150 g Magerquark cremig rühren. Mehl mit Mandeln, Backpulver und einer Prise Salz mischen, im Wechsel mit 100 ml Mandarinensaft unter die Eiercreme ziehen.

2 Den übrigen Quark mit 50 ml vom übrigen Saft und dem Honig cremig rühren, die Hälfte der Mandarinen unterziehen.

3 Den Eischnee mit den Mandarinen unter den Teig ziehen. Eine große beschichtete Pfanne mit 1 EL Butter erhitzen, die Hälfte des Teigs darin verteilen und bei kleiner Hitze zugedeckt backen, bis die Oberseite gestockt ist. Dann am besten mithilfe einer Tortenunterlage wenden und die zweite Seite backen. Den zweiten Pancake ebenso backen und beide nach Geschmack mit Puderzucker bestäuben. Mit dem Mandarinenquark servieren.

TIPP

1 Stück Backpapier in der Pfanne verhindert, dass die Unterseite des Pancakes zu schnell braun wird.

SCHOKOTRAUM
mit Vanillesauce

FÜR 4 PERSONEN

200 ml Schokomilch | 3 EL Nuss-Nougat-Creme (ca. 60 g) | 100 g Vollkorn-Dinkelmehl | 2 Eier | 2 Bananen | 1 EL Butter | 1 Becher Vanillepudding (200 g) | 3 EL Sahne | 100 ml Milch

Zubereitungszeit: ca. 20 Min.

Pro Portion ca. 405 kcal, 13 g E, 18 g F, 46 g KH

1 Schokomilch mit Nuss-Nougat-Creme glatt rühren, nach und nach Mehl und die Eier unterziehen. Die Bananen schälen und in fingerdicke Scheiben schneiden.

2 1 EL Butter in einer Pfanne zerlassen, die Bananenstückchen darin kurz anbraten, dann den Schokoteig gleichmäßig darüber verteilen. Zugedeckt bei kleiner Hitze 5 Min. backen, die Unterseite sollte gebräunt sein. Behutsam wenden und von der anderen Seite fertig backen. Dabei den Schmarren mit dem Pfannenheber in kleinere Stücke reißen.

3 Den Pudding mit der Sahne und der Milch zur Sauce verdünnen, zum heißen Schmarren reichen.

EXPRESS-TIPP

Anstelle der Vanillesauce einfach Vanilleeis zum Schokoschmarren servieren.

OIL

Aus der PFANNE

GEMÜSEPUFFER
mit Joghurtdip

FÜR 4 PERSONEN

½ Zitrone | 200 g Kichererbsenmehl | 1 TL Backpulver | Salz | 1 TL Currypulver | 2 Frühlingszwiebeln | 1 rote Paprika | 70 g Rucola | 1 Dose Kichererbsen (240 g Abtropfgewicht) | 1 Handvoll Kräuter | 500 g Joghurt (3,5 % Fett) | 4 EL Öl zum Braten

Zubereitungszeit: ca. 25 Min.
Pro Portion ca. 460 kcal, 21 g E, 20 g F, 48 g KH

1 Die Zitronenhälfte auspressen. Das Kichererbsenmehl mit Backpulver, Salz und Currypulver mischen, mit 200 ml Wasser und Zitronensaft verrühren.

2 Die Frühlingszwiebeln waschen, putzen und in dünne Ringe schneiden. Die Paprika waschen, halbieren, weiße Trennwände und Kerne entfernen und in kleine Würfel schneiden. Rucola waschen, trocken schütteln und hacken. Kichererbsen abgießen. Alle Zutaten unter den Teig rühren.

3 Die Kräuter waschen, trocken schütteln und hacken, mit Joghurt und Salz mischen. Nach und nach das Öl in einer beschichteten Pfanne erhitzen. Pro Puffer 2 EL Kichererbsenteig ins heiße Fett setzen und von beiden Seiten knusprig braten, bis der Teig verbraucht ist. Mit Joghurt servieren.

EXPRESS-TIPP

Statt frischen Kräutern TK-Kräuter verwenden. Statt kleiner Puffer in 6–8 Min. 4 große Pfannkuchen in zwei Pfannen backen.

Couscous-Erbsen-PUFFER mit Zaziki

FÜR 4 PERSONEN

400 g Möhrendirektsaft (ohne Zucker) | 250 g Couscous | Salz | 150 TK-Erbsen | 100 g körniger Frischkäse | Pfeffer | 2 Salatgurken | 100 g Schmand | Knoblauchpulver | 2 Eier | 2 EL Rapsöl

Zubereitungszeit: ca. 25 Min.

Pro Portion ca. 435 kcal, 19 g E, 13 g F, 60 g KH

1 Den Möhrensaft mit dem Couscous und 1 TL Salz in einem Topf zum Kochen bringen. Bei kleiner Hitze köcheln, bis er eindickt. Aus dem Topf nehmen und mit den TK-Erbsen und dem Frischkäse gut vermischen. Mit Pfeffer würzen.

2 Inzwischen die Gurken waschen und in Streifen hobeln. Mit Schmand, Salz, Pfeffer und Knoblauchpulver zu Zaziki verrühren.

3 Den Couscousteig mit 2 Eiern verkneten. Mit nassen Händen zu Küchlein formen. In einer beschichteten Pfanne das Öl erhitzen. Die Puffer darin bei mittlerer Hitze in 2–3 Min. goldbraun braten, wenden und weitere 2–3 Min. braten. Mit dem Zaziki servieren.

VARIANTE

Statt Zaziki 1 rote Paprika waschen, halbieren, weiße Trennwände und Kerne entfernen, in kleine Würfel schneiden und mit 2 EL Ajvar und 2 EL Schmand zu einem pikanten Dip verrühren.

HÄHNCHEN *süßsauer*

FÜR 4 PERSONEN

350 g Hähnchenbrustfilet | 1 Ei | 3 EL Sojasauce | 2 EL + 1 TL Speisestärke | ½ kleiner Chinakohl (ca. 400 g) | ½ Bund Frühlingszwiebeln | 2 rote Paprika | 1 kleine Dose Ananasstücke (140 g Abtropfgewicht) | 2 EL Apfelessig | 2 EL Ketchup | 2 EL Rohrohrzucker | 2 EL Öl | Salz | 200 g Mie-Nudeln

Zubereitungszeit: ca. 30 Min.

Pro Portion ca. 485 kcal, 31 g E, 8 g F, 67 g KH

1 Das Hähnchenbrustfilet quer in ca. 0,5 cm breite Scheiben schneiden. Das Ei trennen. 2 EL Sojasauce, Eiweiß und 2 EL Stärke verrühren. Fleisch untermischen. Den Kohl waschen, putzen und in Streifen schneiden. Die Frühlingszwiebeln waschen, putzen und in Ringe schneiden. Die Paprika waschen, halbieren, weiße Trennwände und Kerne entfernen und in Streifen schneiden. Die Ananas abgießen, Saft auffangen. Für die Sauce Ananassaft mit 3 EL Wasser, übriger Sojasauce, übriger Stärke, Essig, Ketchup und Zucker gut verrühren.

2 1 EL Öl in einer tiefen Pfanne erhitzen. Das Fleisch aus der Marinade nehmen und darin unter Wenden ca. 5 Min. anbraten, herausnehmen. Pfanne auswischen. Übriges Öl darin erhitzen. Das Gemüse darin unter Wenden ca. 5 Min. braten. Die Ananas und die Sauce dazugeben, alles aufkochen und ca. 2 Min. köcheln lassen. Das Fleisch dazugeben, weitere ca. 3 Min. köcheln lassen, mit Salz abschmecken.

3 Inzwischen die Nudeln nach Packungsanweisung zubereiten, abgießen, abtropfen lassen und zum Hähnchen servieren.

Grüne BRATNUDELN *mit Garnelen*

FÜR 4 PERSONEN

4 Frühlingszwiebeln | 250 g Brokkolini | 200 g Zuckerschoten | 100 g Baby-Blattspinat | 200 g Mie-Nudeln | 300 ml Gemüsebrühe | 4 EL Sojasauce | 2 TL Sesamöl | 2 gestrichene EL Speisestärke | 2 EL Cashewkerne | 450 g TK-Garnelen (aufgetaut) | 2 EL Öl | Salz

Zubereitungszeit: ca. 25 Min.

Pro Portion ca. 235 kcal, 19 g E, 11 g F, 12 g KH

1 500 ml Wasser im Wasserkocher zum Kochen bringen. Frühlingszwiebeln waschen, putzen und in Ringe schneiden. Brokkolini waschen. Zuckerschoten waschen und halbieren. Spinat waschen, abtropfen lassen. Nudeln mit kochendem Wasser übergießen, nach Packungsanweisung ziehen lassen. Gemüsebrühe, Sojasauce, Sesamöl und Stärke verrühren.

2 Cashewkerne ohne Fett anrösten, beiseitestellen. Garnelen trocken tupfen. 1 EL Öl in der Pfanne erhitzen, Garnelen darin unter Wenden 3–4 Min. anbraten, herausnehmen. Nudeln abgießen, abtropfen lassen.

3 Übriges Öl in der Pfanne erhitzen. Gemüse darin unter Rühren ca. 5 Min. bei starker Hitze anbraten. Sauce angießen, aufkochen. Nudeln und Garnelen untermischen, weitere 2–3 Min. unter Rühren braten. Mit Salz würzen. Mit Cashewkernen bestreuen und servieren.

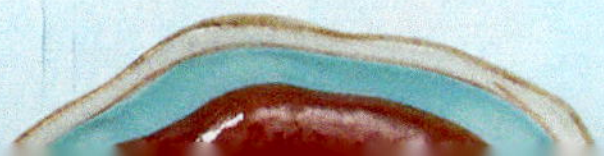

Räuber-
OMELETTE

FÜR 4 PERSONEN

500 g Pilze
3 EL Butter
Salz
Pfeffer
frisch geriebene Muskatnuss
1 Schalotte
1 Bund Petersilie
6 Eier
100 g Reibekäse
50 g Joghurt (3,5 % Fett)

Zubereitungszeit: ca. 25 Min.
Pro Portion ca. 415 kcal,
24 g E, 24 g F, 23 g KH

1 Pilze putzen, vierteln. 1 EL Butter in einer Pfanne erhitzen, die Pilze darin 5 Min. braten. Mit Salz, Pfeffer und Muskat würzen.

2 Die Schalotte schälen und grob zerteilen. Die Petersilie waschen, trocken schütteln und mit der Schalotte im Blitzhacker hacken. Zu den Pilzen geben, abschmecken.

3 Die Eier, den Reibekäse und den Joghurt mischen, mit Salz, Pfeffer und 1 Prise Muskat abschmecken. Die übrige Butter in einer großen Pfanne erhitzen, Eiermix hineingeben und zugedeckt backen, bis die Oberfläche zu stocken beginnt.

4 Omelette auf eine Platte gleiten lassen, die untere Hälfte mit Pilzen belegen und die freie Hälfte darüberklappen. Dazu passt Brot.

VARIANTEN

Statt Pilzen …

… 250 g Brennnesselspitzen mit Zitronensaft beträufeln und dann im Dämpfeinsatz 5 Min. dämpfen. In der Pfanne mit 1 gehackten Zwiebel in Butter andünsten und mit dem Pürierstab pürieren.

… 250 g Baby-Blattspinat mit 3 EL Frühlingszwiebelringen und 1 EL Butter in die Pfanne geben, bis der Spinat zusammenfällt. Mit Salz, Pfeffer, 1 Prise Muskat und etwas Schmand abschmecken.

… 2–3 Frühlingszwiebeln waschen, putzen, in Ringe schneiden und in 1 EL Öl glasig dünsten. 150 g Kirschtomaten waschen, halbieren und mitbraten. Mit Salz, Pfeffer, Honig und Pesto rosso würzen.

Pfannen-LASAGNE

FÜR 4 PERSONEN

250 g braune Champignons | 1 Zwiebel | 2 Knoblauchzehen | 200 g Baby-Blattspinat | 1 EL Olivenöl | 250 g Rinderhackfleisch | 1 TL getrockneter Oregano | Salz | Pfeffer | 1 Dose stückige Tomaten (400 g) | 125 g Ricotta | 6 Lasagneplatten (ohne Vorkochen) | 1 Kugel Mozzarella (150 g)

Zubereitungszeit: ca. 30 Min.

Pro Portion ca. 270 kcal, 26 g E, 17 g F, 27 g KH

1 Die Pilze putzen und halbieren. Die Zwiebel und den Knoblauch schälen, ebenfalls halbieren. Alles im Blitzhacker zerkleinern. Den Spinat waschen, abtropfen lassen und grob hacken.

2 Das Öl in einer Pfanne (ca. 26 cm ∅) erhitzen. Das Hackfleisch darin bei starker Hitze krümelig anbraten. Pilz-Mischung dazugeben, unter Wenden weitere 2–3 Min. kräftig anbraten. Mit Oregano, Salz und Pfeffer würzen. Den Spinat dazugeben und in 1–2 Min. zusammenfallen lassen. Die Tomaten, 150 ml Wasser und Ricotta einrühren. Alles aufkochen. Mit Salz und Pfeffer abschmecken.

3 Zwei Drittel der Sauce aus der Pfanne nehmen. Übrige Sauce in der Pfanne mit 3 Lasagneplatten belegen. Die Platten dazu teilweise in Form brechen. Die Hälfte der übrigen Sauce so daraufgeben, dass die Lasagneplatten bedeckt sind. Mit 3 weiteren Lasagneplatten belegen, übrige Sauce darauf verteilen. Den Mozzarella trocken tupfen, in Scheiben schneiden und auf der Lasagne verteilen. Zugedeckt bei kleiner Hitze ca. 15 Min. garen.

SCHICHTPFANNE
mit Käse

FÜR 4 PERSONEN

700 g Kartoffeln | 1 Zweig Rosmarin | Salz | 3 EL Olivenöl | 400 g Zucchini | 6 Tomaten | 50 g Rucola | 200 g Reibekäse | Pfeffer | 40 g schwarze Oliven (ohne Stein, in Scheiben)

Zubereitungszeit: ca. 30 Min.

Pro Portion ca. 455 kcal, 21 g E, 27 g F, 31 g KH

1 Die Kartoffeln waschen, schälen und mit der Küchenmaschine in dünne Scheiben hobeln. Rosmarin waschen, trocken schütteln und die Nadeln abzupfen. Die Kartoffelscheiben mit Salz, Rosmarin und 2 EL Öl mischen. In einer großen, hohen Pfanne rundherum im übrigen Öl anbraten, dann zugedeckt ca. 5 Min. schmoren. Zwischendurch wenden.

2 Inzwischen Zucchini und Tomaten waschen, Enden bzw. Stielansätze entfernen und in ½ cm dicke Scheiben schneiden. Rucola waschen und trocken schleudern. Ein paar Stängel beiseitelegen, den Rest hacken. Die Kartoffeln wenden. Im Wechsel Rucola, Reibekäse, Zucchini, Rucola, Käse und Tomaten in die Pfanne schichten. Zwischendurch salzen und pfeffern. Mit Oliven und Käse schließen.

3 Zugedeckt bei kleiner Hitze weitere 10 Min. schmoren, bis der Käse geschmolzen ist. Mit Rucola anrichten und servieren.

EXPRESS-TIPP

Mit Kartoffeln vom Vortag geht es schneller: Dann direkt in die Pfanne schneiden und die übrigen Zutaten ohne Vorgaren einschichten.

Bunte NUDELFRITTATA

FÜR 4 PERSONEN

400 g streufähiges TK-Gemüse (z. B. Erbsen, Mais) | 1 Zwiebel | 6 Eier | 100 ml Milch | Salz | Pfeffer | 250 g gekochte Nudeln | 100 g geriebener Käse | 2 EL Butter

Zubereitungszeit: ca. 20 Min.

Pro Portion ca. 440 kcal, 53 g E, 31 g F, 178 g KH

1 Das Gemüse auftauen lassen. Die Zwiebel schälen und fein hacken. Eier, Milch, Salz und Pfeffer verquirlen und mit den gegarten Nudeln, Käse, Zwiebeln und Gemüse mischen.

2 In einer Pfanne 1 EL Butter erhitzen, die Nudelmischung darin zugedeckt in ca. 4 Min. stocken lassen. Wenden, übrige Butter dazugeben und in 3–4 Min. fertig garen.

TIPP

Keine Nudelreste da? Dann Instant-Mienudeln kurz aufbrühen und verwenden.

ASIA-FLAN

FÜR 4 PERSONEN

1 Bund Frühlingszwiebeln | 1 Spitzpaprika (ca. 150 g) | 150 g Mungbohnensprossen (Kühlregal) | 80 g Cashewkerne | 6 Eier | 125 ml Kokosmilch | 1 EL Sojasauce | Salz | Pfeffer | Currypulver | 250 g gekochter Reis | 2 EL Öl

Zubereitungszeit: ca. 20 Min.

Pro Portion ca. 470 kcal, 18 g E, 30 g F, 29 g KH

1 Die Frühlingszwiebeln waschen, putzen und in feine Ringe schneiden. Paprika waschen, halbieren, weiße Trennwände und Kerne entfernen und in kleine Würfel schneiden. Die Sprossen waschen und in einem Sieb abtropfen lassen.

2 Die Cashewkerne grob hacken und in einer Pfanne ohne Fett anrösten, bis sie duften.

3 Eier, Kokosmilch, Sojasauce, Salz, Pfeffer und Currypulver miteinander verquirlen und mit Reis, Gemüse und Cashewkernen mischen.

4 In einer Pfanne 1 EL Öl erhitzen, die Reismischung darin zugedeckt in ca. 4 Min. stocken lassen. Wenden, 1 EL Öl dazugeben und in weiteren 3–4 Min. fertig garen. Dazu schmeckt süßsaure Sauce.

BLITZSCHNITZEL
mit Gnocchisalat

FÜR 4 PERSONEN

600 g Zucchini
3 EL Olivenöl
400 g Gnocchi (Kühlregal)
2 EL Aceto balsamico bianco
2 TL Pesto (Glas)
Salz
Pfeffer
50 g Mehl (Type 1050)
4 dünne Schweineschnitzel (ca. 300 g)
1 Ei
3 EL Milch

Zubereitungszeit: ca. 20 Min.
Pro Portion ca. 410 kcal,
26 g E, 13 g F, 48 g KH

1 Die Zucchini waschen, Enden abschneiden, dicke Zucchini längs vierteln, dünnere nur halbieren, kleine ganz lassen. Die Zucchini in 0,5 cm dicke Scheiben schneiden.

2 In einer Pfanne 1 EL Olivenöl erhitzen, die Zucchini darin unter Rühren braten, bis sie leicht bräunen. Dann die Gnocchi dazugeben und 4–5 Min. mitbraten. Vom Herd nehmen und mit Balsamico, 1 EL Öl und Pesto, Salz und Pfeffer abschmecken.

3 Das Mehl in einem tiefen Teller bereitstellen. Die Schnitzel salzen, pfeffern und im Mehl wenden. Das Ei mit dem übrigen Mehl in einem zweiten Teller verquirlen. Die Milch unterrühren und mit Salz würzen.

4 Das übrige Öl in einer Pfanne erhitzen. Die Schnitzel im Teig wenden, abtropfen lassen und im heißen Öl von beiden Seiten ausbacken. Mit dem Gnocchisalat anrichten. Übriggebliebenen Teig zu einem Pfannkuchen backen.

VARIANTE

Den Balsamico kann man auch weglassen und die Zucchini mit Gnocchi heiß servieren. Statt Pesto passen auch frische Kräuter.

SHAKSHOUKA

FÜR 4 PERSONEN

400 g grüne breite Bohnen | 2 EL Olivenöl | Salz | Pfeffer | 200 g Sauerkraut | 250 g gehackte Tomaten | ½ TL getrockneter Thymian | 50 g schwarze Oliven (ohne Stein) | 50 g Erdnüsse | 4 Eier | 1 kleines Baguette (300 g)

Zubereitungszeit: ca. 25 Min.

Pro Portion ca. 490 kcal, 20 g E, 23 g F, 51 g KH

1 Die Bohnen waschen, die Enden abknipsen und die Bohnen in schmale Streifen schneiden. Öl in einer großen Pfanne erhitzen und die Bohnen darin anbraten, salzen und pfeffern. Zugedeckt 8 Min. garen.

2 Das Sauerkraut abtropfen lassen und hacken. Mit den Tomaten zu den knapp garen Bohnen geben, mit Thymian würzen. Die Oliven nach Belieben in Ringe schneiden. Die Erdnüsse grob hacken.

3 Pfanne mit Oliven und Erdnüssen bestreuen. Mit einem Löffel vier Kuhlen in das Gemüse drücken und je 1 Ei hineingleiten lassen. Eier zugedeckt bei mittlerer Hitze 8 Min. stocken lassen. Dazu schmeckt Baguette.

Süßkartoffel-SCHNITZEL

FÜR 4 PERSONEN

1 große Süßkartoffel | 2 EL Rapsöl | ½ Apfel | 40 g Walnüsse | 1 Prise Zimtpulver | 1 EL Honig | 2 EL Joghurt (3,5 % Fett) | 50 g luftgetrockneter Schinken

Zubereitungszeit: ca. 20 Min.

Pro Portion ca. 295 kcal, 6 g E, 13 g F, 37 g KH

1 Die Süßkartoffel schälen und in 1 cm dicke große Scheiben schneiden. Das Öl in einer beschichteten Pfanne erhitzen und die Süßkartoffelscheiben darin zugedeckt bei kleiner Hitze ca. 10 Min. dünsten. Zwischendurch einmal wenden.

2 Inzwischen die Apfelhälfte waschen, Kerngehäuse entfernen und das Fruchtfleisch mit den Walnüssen im Blitzhacker pürieren. Mit Zimtpulver, Honig und Joghurt mischen.

3 Die Apfel-Nuss-Creme auf die Süßkartoffelscheiben streichen. Die Schinkenscheiben zerzupfen und auf der Creme verteilen.

VARIANTE

4 EL Ricotta mit 3 EL gehackten Kräutern (frisch oder TK) mischen, mit halbierten Kirschtomaten belegen.

GEMÜSEFRITTERS

mit Dip

FÜR 4 PERSONEN

3 Frühlingzwiebeln
1 Zucchino
2 Möhren
150 g Dinkel-Vollkornmehl
1 Msp. Backpulver
Salz
Pfeffer
3 Eier
125 ml Mineralwasser mit Kohlensäure
100 g Schafskäse (Feta)
2–3 EL Rapsöl zum Braten
½ Bio-Zitrone
200 g Joghurt (3,5 % Fett)

Zubereitungszeit: ca. 30 Min.
Pro Portion ca. 350 kcal, 18 g E, 17 g F, 30 g KH

1 Die Frühlingszwiebeln waschen, putzen und in grobe Stücke schneiden. Den Zucchino waschen, putzen und grob zerteilen. Die Möhren waschen, schälen und in Stücke schneiden. Das Gemüse im Blitzhacker zerkleinern.

2 Das Mehl mit Backpulver, ½ TL Salz und etwas Pfeffer mischen. Eier und Mineralwasser in einer Rührschüssel mit dem Schneebesen verquirlen. Die Mehl-Mischung dazugeben und unterrühren. Das Gemüse dazugeben und unterheben. Den Feta dazubröseln.

3 Das Öl in einer großen Pfanne erhitzen. Pro Fritter 1 gehäuften EL Teig in die Pfanne geben, etwas flach streichen. Pro Seite 2–3 Min. goldbraun braten, auf Küchenpapier abtropfen lassen.

4 Während die Fritters braten, für den Dip die Zitrone heiß abwaschen, abtrocknen und ca. 1 TL Schale dünn abreiben. 1–2 TL Saft auspressen. Den Joghurt mit dem Zitronensaft glatt rühren. Die Zitronenschale einrühren, mit Salz und Pfeffer abschmecken. Die Fritters mit dem Dip servieren.

VARIANTE

Statt Zucchino und Möhren schmecken auch andere Gemüsesorten in den Fritters, z. B. TK-Erbsen, Mais oder gehackter Spinat.

PILZSCHMARREN

mit Couscous

FÜR 4 PERSONEN

300 g Buttermilch
Salz
Pfeffer
frisch geriebene Muskatnuss
150 g Couscous
1 Stange Lauch
600 g Champignons
4 EL Öl
4 Eier
50 g Mehl (Type 1050)
40 g Reibekäse
TK-Schnittlauchröllchen

Zubereitungszeit: ca. 30 Min.
Pro Portion ca. 445 kcal,
23 g E, 20 g F, 42 g KH

1 Die Buttermilch mit Salz, Pfeffer und 1 Prise Muskat in einem Topf bei kleiner Hitze leicht erwärmen, Couscous dazugeben und 5–10 Min. quellen lassen.

2 Den Lauch putzen, gründlich waschen und in feine Ringe schneiden. Champignons putzen und je nach Größe vierteln oder halbieren. 2 EL Öl in einer Pfanne erhitzen. Lauch und Pilze darin 8–10 Min. braten, bis die Flüssigkeit verkocht ist.

3 Inzwischen die Eier trennen. Eiweiße mit 1 Prise Salz steif schlagen. Eigelbe mit Mehl cremig rühren. Couscous und Eischnee unter den Teig ziehen.

4 Übriges Öl zum Gemüse in die Pfanne geben. Den Teig auf dem Gemüse verteilen, Deckel auflegen und den Pilzschmarren zugedeckt in ca. 5 Min. stocken lassen.

5 Den Pilzschmarren mit zwei Pfannenwendern in mundgerechte Stücke teilen, wenden und rundherum knusprig braten. Mit Käse und Schnittlauchröllchen bestreuen. Dazu passt ein knackiger Salat.

EXPRESS-TIPP

2 Pfannen verwenden!

DICKE PFANNKUCHEN

4 Eier mit 250 ml Milch, 250 g Mehl (Type 1050), 1 TL Backpulver und 1 Msp. Salz mit den Rührbesen des Handrührgeräts verrühren. Je nach Rezept noch Gewürze oder gehackte Zutaten untermischen. In einer beschichteten Pfanne (ca. 26 cm ∅) 1 TL Öl zerlassen. Ein Viertel Teig darin verteilen, zugedeckt backen. Nach ca. 2 Min. wenden, 1 TL Öl zufügen und fertig backen. Auf diese Weise 4 Pfannkuchen zubereiten, mit zwei Pfannen gleichzeitig arbeiten. Wenn der Teig mind. 6 Std. vorher gerührt wird, entfällt das Backpulver.

Puszta

Teig mit edelsüßem Paprikapulver und 3–4 EL Schinkenwürfeln mischen, ca. 100 g Paprika- und 30 g Zwiebelstreifen anbraten, Teig darüberschöpfen. Nach dem Wenden mit einem Klecks Schmand toppen.

Griechisch

Teig mit Knoblauchpulver würzen. Pro Portion 100 g Zucchinischeiben und 50 g Schafskäsebrösel (Feta) anbraten, Teig darüberschöpfen. Nach dem Wenden mit entsteinten Oliven toppen.

Hawaii

100 g Ananasstückchen in den Teig mischen. Pro Portion je 1 EL Schinkenstreifen und Frühlingszwiebelringe in der Pfanne andünsten. Teig darüberschöpfen und nach dem Wenden 2 EL geriebenen Edamer darauf schmelzen lassen.

Thai

Teig mit Kokosmilch statt Milch und 1 TL Currypaste mixen. Pro Pfannkuchen 1 Handvoll Baby-Blattspinat oder Pak Choi mit jeweils 25 g Krabben anbraten, Teig darüber schöpfen. Mit süßsauer Sauce und Kokoschips toppen.

Pizza

4 gehackte, getrocknete Tomaten und Pizzagewürz in den Teig geben. In der Pfanne jeweils 4 Tomatenscheiben anbraten, Teig darüberschöpfen. Nach dem Wenden 2 EL geriebenen Mozzarella darauf schmelzen lassen. Mit Pesto (Glas) oder Salami toppen.

SONNENRINGE mit Kokosquark

FÜR 4 PERSONEN

2 Dosen Ananasringe (à 580 g, Abtropfgewicht 340 g) | 100 g Mehl (Type 1050) | 2 Eier | 100 g Kokosraspel | 400 g Magerquark | 30 g Kokosöl zum Ausbacken

Zubereitungszeit: ca. 25 Min.

Pro Portion ca. 470 kcal, 22 g E, 27 g F, 35 g KH

1 Die Ananasringe abtropfen lassen, den Saft auffangen. 12 Ringe im Mehl wenden. Die Eier mit dem übrigen Mehl, 50 g Kokosraspeln und ca. 100 ml Ananassaft verquirlen. Kurz quellen lassen.

2 Übrige Ananasringe in kleine Stücke schneiden. Mit dem Quark, übrigen Kokosraspeln und ca. 25 ml Ananassaft verrühren.

3 Das Kokosöl in einer Pfanne erhitzen. Die Ananasringe durch den Teig ziehen und im heißen Öl nacheinander von beiden Seiten ausbacken. Mit dem Kokosquark servieren.

MOHN-BIRNEN-Schmaus

FÜR 4 PERSONEN

1 Dose Birnen in Birnensaft (Abtropfgewicht 230 g) | 75 g weiche Butter | 2 EL Honig | 2 Eier | 100 g backfertige Mohnmasse | 1 TL Backpulver | 150 g Mehl (Type 1050) | Butter zum Braten

Zubereitungszeit: ca. 25 Min.

Pro Portion ca. 450 kcal, 10 g E, 23 g F, 52 g KH

1 Die Birnen abtropfen lassen, auf die Schnittfläche legen und die Kuppeln ca. 1 cm dick abschneiden.

2 Butter mit Honig cremig schlagen. Die Eier und zuletzt die Mohnmasse unterrühren. Backpulver mit Mehl mischen und unterheben. Teig in eine kleine Plastiktüte füllen. Der Teig ist ziemlich fest.

3 Backpapier für den Pfannenboden zurechtschneiden und einlegen. 1 EL Butter darin schmelzen lassen und verteilen, Birnenscheiben sternförmig in die Pfanne legen, dazwischen die Kuppeln verteilen. Eine Ecke der Teigtüte knapp abschneiden und den Teig spiralförmig über den Birnen verteilen. Mit einem Löffel glatt streichen.

4 Den Deckel auf die Pfanne geben. Bei kleiner Hitze zugedeckt ca. 10 Min. backen, dann auf eine Platte stürzen. Den Birnenkuchen mit Schlagsahne oder Vanillesauce (siehe S. 49) warm servieren.

VARIANTE

Statt Mohnmasse Marzipanrohmasse verwenden. Statt Birnen passen auch Bananenstückchen oder abgetropfte Kirschen.

Aus dem OFEN

Hähnchen-GNOCCHI-GRATIN mit Spinat

FÜR 1 AUFLAUFFORM (CA. 28 × 18 CM)

350 g Hähnchenbrustfilet | 1 EL Rapsöl | Salz | Pfeffer | 1 Packung Gnocchi (500 g) | 450 g TK-Spinat-Minis | 50 g Kochsahne (15 % Fett) | 50 g Kräuter-Frischkäse | frisch geriebene Muskatnuss | 250 g Kirschtomaten | 50 g geriebener Gratinkäse | Basilikum zum Garnieren (nach Belieben)

Zubereitungszeit: ca. 15 Min. | Backzeit: ca. 18 Min.
Pro Portion ca. 425 kcal, 34 g E, 11 g F, 49 g KH

1 Den Backofen auf 200° (175° Umluft) vorheizen. Das Fleisch trocken tupfen und quer in schmale Streifen schneiden. Das Öl in einer großen Pfanne erhitzen. Das Fleisch darin unter Wenden ca. 5 Min. anbraten. Das Fleisch mit Salz und Pfeffer würzen. Mit den Gnocchi in eine flache Auflaufform geben.

2 Den TK-Spinat mit 50 ml Wasser in die Pfanne geben, aufkochen und zugedeckt ca. 3 Min. garen, bis der Spinat aufgetaut ist. Kochsahne und Frischkäse unterrühren. Mit Salz, Pfeffer und 1 Prise Muskat abschmecken. Inzwischen die Tomaten waschen, trocken tupfen und halbieren.

3 Die Spinatsauce in die Form geben und alles gut durchmischen. Die Tomaten darauf verteilen, alles mit Käse bestreuen und im heißen Ofen (Mitte) 15–18 Min. überbacken. Nach Belieben mit Basilikum garnieren und servieren.

Italienisches OFENHÄHNCHEN

FÜR 4 PERSONEN

Salz | 200 g Nudeln (z. B. Farfalle) | 2 Zucchini | 1 Zwiebel | 1 Knoblauchzehe | 350 g Hähnchenbrustfilet | 1 EL Olivenöl | Pfeffer | 1 EL getrockneter Oregano | 1 Dose stückige Tomaten (400 g) | 1 Kugel Mozzarella (125 g)

Zubereitungszeit: ca. 15 Min. | Backzeit: ca. 15 Min.
Pro Portion ca. 420 kcal, 35 g E, 11 g F, 45 g KH

1 Den Backofen auf 200° vorheizen. In einem Topf Salzwasser zum Kochen bringen. Die Nudeln nach Packungsanweisung darin bissfest garen.

2 Inzwischen die Zucchini waschen, putzen, längs halbieren und in Würfel schneiden. Zwiebel und Knoblauch schälen und fein würfeln. Hähnchen ebenfalls in Würfel schneiden.

3 Das Öl in einer ofenfesten Pfanne erhitzen. Das Fleisch darin 2–3 Min. anbraten, wenden. Zucchini, Zwiebeln und Knoblauch dazugeben und weiter 2–3 Min. braten. Mit Salz, Pfeffer und Oregano würzen. Tomaten angießen und aufkochen.

4 Mozzarella in Stücke zupfen und gleichmäßig über der Pfanne verteilen. Im heißen Ofen (Mitte) ca. 15 Min. überbacken. Das Ofenhähnchen mit den Nudeln servieren.

Gegrillter ZITRUSLACHS mit Dinkelsalat

FÜR 4 PERSONEN

200 g Schnellkoch-Dinkel
Salz
1 Bio-Zitrone
1 Bio-Orange
2 TL flüssiger Honig
1 TL + 2 EL Olivenöl
400 g Lachsfilet
3 Frühlingszwiebeln
1 rote Spitzpaprika
½ Salatgurke
5 Stiele Minze

Zubereitungszeit: ca. 30 Min.
Pro Portion ca. 455 kcal,
28 g E, 21 g F, 37 g KH

1 Den Backofengrill vorheizen. Den Dinkel nach Packungsanweisung in Salzwasser garen.

2 Die Zitrusfrüchte heiß abwaschen und abtrocknen. Je ½ Zitrone und Orange in Scheiben schneiden und gleichmäßig auf eine flache Auflaufform verteilen. Übrige Zitrone und Orange auspressen. Je 1 TL Zitronen- und Orangensaft, Honig und 1 TL Öl verrühren. Den Lachs damit einpinseln, ca. 5 Min. ziehen lassen.

3 Inzwischen die Frühlingszwiebeln waschen, putzen und fein schneiden. Die Paprika waschen, halbieren, weiße Trennwände und Kerne entfernen und würfeln. Die Gurke waschen, längs halbieren und die Kerne mit einem Teelöffel herauskratzen. Fruchtfleisch in feine Scheiben hobeln oder schneiden. Die Minze waschen, trocken schütteln, Blätter von den Stielen zupfen und hacken.

4 Den Lachs auf die Zitronen- und Orangenscheiben legen und im heißen Ofen (oben) ca. 8 Min. grillen, bis der Lachs durch ist und zu bräunen beginnt.

5 Für das Dressing übrigen Zitronen- und Orangensaft mit 2 EL Öl verrühren, mit Salz und Pfeffer würzen. Dinkel abgießen, gut abtropfen lassen. Mit Gemüse, Kräutern und Dressing mischen. Zum Lachs servieren.

NUDELMUFFINS

FÜR 12 STÜCK

150 g Gabel-Spaghetti | Salz | 100 g TK-Erbsen | ½ Bund Schnittlauch | 75 g Kochschinken | 4 Eier | 50 ml Milch | 75 g geraspelter Gratinkäse | Pfeffer | 1 Zwiebel | 1 Knoblauchzehe | 1 EL Olivenöl | 1 Dose stückige Tomaten (400 g) | 1 TL getrockneter Oregano | Rucola zum Garnieren (nach Belieben) | 12 Papier-Muffinförmchen

Zubereitungszeit: ca. 15 Min. | Backzeit: ca. 12 Min.
Pro Portion ca. 385 kcal, 25 g E, 15 g F, 37 g KH

1 Den Backofen auf 200° vorheizen. Die Nudeln und die Erbsen in Salzwasser nach Packungsanweisung bissfest garen, abgießen und abtropfen lassen.

2 Inzwischen den Schnittlauch waschen, trocken schütteln und in schmale Röllchen schneiden. Den Schinken würfeln. Die Eier mit Milch, Käse, ½ TL Salz und etwas Pfeffer in einer Rührschüssel verquirlen. Nudeln, Erbsen, Schinken und Schnittlauch unter die Eiermasse heben.

3 Eine 12er-Muffinform mit Papierförmchen auslegen. Die Nudelmasse gleichmäßig auf die Förmchen verteilen. Im heißen Ofen (Mitte) ca. 12 Min. backen.

4 Inzwischen Zwiebel und Knoblauch schälen und klein schneiden. Öl in einer Pfanne erhitzen, Zwiebeln und Knoblauch darin andünsten. Tomaten dazugeben, mit Salz, Pfeffer und Oregano würzen, aufkochen und ca. 10 Min. köcheln lassen. Die Nudelmuffins aus den Mulden lösen. Auf Teller verteilen, nach Belieben mit Rucola garnieren und mit der Tomatensauce servieren. Dazu passt ein knackiger grüner Salat.

MAISMUFFINS

FÜR 12 STÜCK

100 g Dinkel-Vollkornmehl | 100 g Maismehl | ½ Päckchen Backpulver | 1 TL Salz | Pfeffer | 2 TL Taco-Gewürzmischung | 2 Eier | 200 ml kalte Gemüsebrühe | 75 ml Rapsöl | 1 Dose Mexiko-Mix (mit Mais, Paprika und Erbsen; Abtropfgewicht 135 g) | 12 Papier-Muffinförmchen

Zubereitungszeit: ca. 10 Min. | Backzeit: ca. 25 Min.
Pro Stück ca. 145 kcal, 3 g E, 8 g F, 14 g KH

1 Den Backofen auf 175° vorheizen. Die Mulden einer 12er-Muffinform mit Papierförmchen auslegen. Das Mehl, das Maismehl, das Backpulver, das Salz, etwas Pfeffer und die Gewürzmischung vermischen.

2 Die Eier mit der Brühe und dem Öl in eine Rührschüssel geben und verquirlen. Die Mehlmischung dazugeben und kurz unterrühren. Mexiko-Mix abgießen, abtropfen lassen und unter den Teig heben.

3 Den Teig in die vorbereiteten Förmchen füllen. Im heißen Ofen (Mitte) 20–25 Min. backen. Kurz abkühlen lassen, dann aus der Form lösen und lauwarm oder kalt servieren. Dazu schmeckt ein grüner Salat.

Rübli-BAGUETTE

FÜR 4 PERSONEN

4 Frühlingszwiebeln | 2 Möhren | ½ Bund Petersilie | 75 g geriebener Gratinkäse | 75 g magere Schinkenspeckwürfel | 100 g Crème légère | Salz | Pfeffer | frisch geriebene Muskatnuss | 1 Baguette (ca. 250 g)

Zubereitungszeit: ca. 10 Min. | Backzeit: ca. 15 Min.

Pro Portion ca. 350 kcal, 17 g E, 14 g F, 39 g KH

1 Den Backofen auf 200° vorheizen. Ein Backblech mit Backpapier belegen. Die Frühlingszwiebeln waschen, putzen und fein schneiden. Die Möhren waschen, schälen und im Blitzhacker oder auf einer Küchenreibe grob raspeln. Die Petersilie waschen, trocken schütteln und hacken.

2 Alle vorbereiteten Zutaten mit dem Käse, den Schinkenwürfeln und der Crème légère mischen und mit Salz, Pfeffer und 1 Prise Muskat kräftig abschmecken.

3 Das Baguette erst quer, dann längs halbieren, sodass 4 Stücke entstehen. Die Stücke auf das Backblech legen. Die vorbereitete Masse auf den Baguettestücken verteilen. Im heißen Ofen (Mitte) 12–15 Min. backen.

Thunfisch-BAGUETTE

FÜR 4 PERSONEN

1 Dose Thunfisch naturell (185 g Abtropfgewicht) | 1 rote Spitzpaprika | 1 kleine rote Zwiebel | 50 g Crème fraîche | 50 g geriebener Gratinkäse | ½ TL getrockneter Oregano | Salz | Pfeffer | 1 Baguette (ca. 250 g)

Zubereitungszeit: ca. 10 Min. | Backzeit: ca. 15 Min.

Pro Portion ca. 310 kcal, 20 g E, 8 g F, 37 g KH

1 Den Backofen auf 200° vorheizen. Ein Backblech mit Backpapier belegen. Den Thunfisch abgießen und gut abtropfen lassen. Die Paprika waschen, halbieren, weiße Trennwände und Kerne entfernen und in kleine Würfel schneiden. Die Zwiebel schälen, halbieren und in feine Scheiben hobeln oder schneiden.

2 Alle vorbereiteten Zutaten mit Crème fraîche, Käse und Oregano verrühren, mit Salz und Pfeffer abschmecken.

3 Baguette erst quer, dann längs halbieren, sodass 4 Stücke entstehen. Baguettestücke auf das Backblech legen. Thunfischmasse darauf verteilen. Im heißen Ofen (Mitte) 12–15 Min. backen.

Wald-und-Wiesen-BAGUETTE

FÜR 4 PERSONEN

250 g Champignons | 50 g Walnusskerne | 1 Bund Petersilie | 5 EL Olivenöl | Salz | Pfeffer | 1 Baguette (ca. 250 g) | 75 g Ziegenfrischkäse (Rolle)

Zubereitungszeit: ca. 10 Min. | Backzeit: ca. 15 Min.
Pro Portion ca. 430 kcal, 111 g E, 26 g F, 37 g KH

1 Den Backofen auf 200° vorheizen. Ein Backblech mit Backpapier belegen.

2 Die Champignons putzen, halbieren und in den Blitzhacker füllen. Die Walnüsse in einer Pfanne ohne Fett anrösten, bis sie duften. Herausnehmen und zu den Champignons geben. Die Petersilie waschen, trocken schütteln und ebenfalls in den Blitzhacker geben. Das Öl, ca. ½ TL Salz und etwas Pfeffer dazugeben und alles zu einer homogenen Masse zerkleinern.

3 Das Baguette erst quer, dann längs halbieren, sodass 4 Stücke entstehen. Auf das Blech legen. Die Champignonmasse auf den Stücken verteilen. Den Käse in schmale Scheiben schneiden und darauflegen. Im heißen Ofen (Mitte) 12–15 Min. backen.

HASSELBACK-PIZZA-Baguette

FÜR 4 PERSONEN

3 mittelgroße Tomaten | 1 Glas getrocknete Tomaten (in Öl; 90 g Abtropfgewicht) | 1 Kugel Mozzarella (125 g) | 1 Baguette (250 g) | Salz | Pfeffer | Basilikum zum Garnieren

Zubereitungszeit: ca. 15 Min. | Backzeit: ca. 15 Min.
Pro Portion ca. 390 kcal, 10 g E, 12 g F, 57 g KH

1 Den Backofen auf 200° vorheizen. Ein Backblech mit Backpapier belegen.

2 Die Tomaten waschen, trocken reiben und in schmale Scheiben schneiden, dabei die Stielansätze entfernen. Die getrockneten Tomaten auf Küchenpapier abtropfen lassen und je nach Größe halbieren. Den Mozzarella trocken tupfen und in dünne Scheiben schneiden.

3 Das Baguette im Abstand von ca. 2 cm quer ein-, aber nicht durchschneiden. Auf das Backblech legen. In jeden Spalt je 1 Scheibe Tomate, 1 Scheibe Mozzarella und 1 Stück getrocknete Tomate stecken, mit etwas Salz und Pfeffer würzen. Im heißen Ofen (Mitte) ca. 12 Min. backen. Vor dem Servieren Basilikum waschen, trocken schütteln und das Baguette damit garnieren.

KÜRBISQUICHE

FÜR 8 STÜCKE

1 Rolle Blätterteig (320 g; 24 × 38 cm; Kühlregal)
½ Hokkaido-Kürbis (ca. 600 g)
½ Bund Schnittlauch
150 g Crème légère
100 ml Milch
3 Eier
Salz
Pfeffer
frisch geriebene Muskatnuss
100 g Schafskäse (Feta)

Zubereitungszeit: ca. 15 Min.
Backzeit: 20 Min.
Pro Stück ca. 290 kcal,
9 g E, 18 g F, 25 g KH

1 Den Backofen auf 200° vorheizen. Den Blätterteig entrollen, samt Backpapier in eine Quicheform (ca. 30 cm ∅; mit herausnehmbarem Boden) legen. Überstehenden Teig abschneiden und die Form damit so auslegen, dass Boden und Rand komplett mit Teig bedeckt sind. Angesetzte Stücke an den Rändern etwas andrücken. Teigboden mehrmals mit einer Gabel einstechen. Im heißen Ofen (unten) ca. 5 Min. vorbacken.

2 Inzwischen den Kürbis waschen, halbieren, entkernen, in grobe Stücke schneiden und im Blitzhacker zerkleinern. Den Schnittlauch waschen und in schmale Röllchen schneiden. Die Crème légère mit Milch und Eiern in eine Schüssel geben und mit dem Schneebesen verquirlen. Die Kürbisraspel und den Schnittlauch untermischen. Mit Salz, Pfeffer und 1 Prise Muskat kräftig würzen.

3 Die Masse auf dem vorgebackenen Boden verteilen. Den Feta darüberbröseln. Die Quiche im heißen Ofen (Mitte) ca. 20 Min. backen. Kurz abkühlen lassen, dann aus der Form lösen und servieren.

EVERYDAY-TOASTS
für jeden Geschmack

CAPRESE-TOAST

FÜR 4 PERSONEN

Den Backofen auf 200° vorheizen. 2 Kugeln Mozzarella (à 125 g) und 3 Tomaten in Scheiben schneiden, dabei Stielansätze entfernen. 8 Scheiben Vollkorn-Toast auf einem mit Backpapier belegten Backblech verteilen. Toasts mit je 1 TL Basilikum-Pesto (Glas) bestreichen. Nacheinander mit Tomaten und Mozzarella belegen, mit etwas Salz und Pfeffer würzen. Im Ofen (Mitte) 10–12 Min. überbacken.

Zubereitungszeit: ca. 25 Min.
Pro Portion ca. 295 kcal, 17 g E, 17 g F, 20 g KH

FRUCHTIGER TOAST HAWAII

FÜR 4 PERSONEN

Backofen auf 200° vorheizen. 8 Scheiben Ananas aus der Dose abgießen und gut abtropfen lassen. 8 Scheiben Vollkorn-Toast auf einem mit Backpapier belegten Blech verteilen. Jede Toastscheibe mit 1 TL Mango-Chutney bestreichen. Mit je 1 Scheibe Kochschinken, 1 Scheibe Ananas und 1 Scheibe Gouda belegen. Im Ofen (Mitte) 10–12 Min. überbacken. Nach Belieben mit Mango-Chutney servieren.

Zubereitungszeit: ca. 20 Min.
Pro Portion ca. 335 kcal, 22 g E, 8 g F, 42 g KH

PIZZA-TOAST

FÜR 4 PERSONEN

Ofen auf 200° vorheizen. 200 g Champignons in Scheiben schneiden. In 1 TL Öl in einer beschichteten Pfanne unter Wenden ca. 5 Min. braten. Mit Salz und Pfeffer würzen. Herausnehmen. 12 Kirschtomaten halbieren. 8 Scheiben Vollkorn-Toast auf einem mit Backpapier belegten Blech verteilen und mit je ½ EL Hummus (Kühlregal) bestreichen. Mit je 1 Scheibe Salami, Pilzen und Tomaten belegen. 4 Scheiben Emmentaler halbieren, Toasts mit je ½ Scheibe belegen. Im Ofen (Mitte) 10 Min. überbacken.

Zubereitungszeit: ca. 25 Min.
Pro Portion ca. 480 kcal, 21 g E, 34 g F, 22 g KH

TEX-MEX-TOAST

FÜR 4 PERSONEN

Ofen auf 200° vorheizen. 8 Scheiben Vollkorn-Toast auf einem mit Backpapier belegten Backblech verteilen. Je 1 Dose Mais (140 g Abtropfgewicht) und Kidneybohnen (125 g Abtropfgewicht) abgießen. 1 Frühlingszwiebel hacken. Mit 200 g passierten Tomaten, Mais, Bohnen, ½ TL geräuchertem Paprikapulver, Salz und Pfeffer mischen. Auf den Toasts verteilen. 50 g Reibekäse aufstreuen. Im Ofen (Mitte) 10 Min. überbacken. ½ Avocado in Spalten schneiden. Mit Zitronensaft beträufeln, salzen, darauflegen.

Zubereitungszeit: ca. 25 Min.
Pro Portion ca. 265 kcal, 11 g E, 10 g F, 32 g KH

Die überbackenen Toasts sind schnell belegt und in den Ofen geschoben - praktisch nach langen Schul-und Arbeitstagen.

Bunte GRÜNKERN-pizza

FÜR 4 PERSONEN

250 g Grünkernschrot (Bioladen) | ½ TL Knoblauchpulver | 3 TL Currypulver | 2 EL Rapsöl | 500 g Sauerkraut | 300 g Gemüse (z. B. Zucchini, Paprika, Pilze) | Salz | Pfeffer | 150 g Reibekäse

Zubereitungszeit: ca. 15 Min. | Backzeit: ca. 15 Min.
Pro Portion ca. 440 kcal, 22 g E, 19 g F, 44 g KH

1 Ein leeres Backblech in den Backofen schieben und den Ofen auf 250° vorheizen.

2 Für den Teig 1 EL Öl in einem Topf erhitzen. Grünkern, Knoblauch- und Currypulver bei mittlerer Hitze darin andünsten. Mit 500 ml Wasser ablöschen und 5 Min. quellen lassen. Das Sauerkraut im Blitzhacker zerkleinern und zum Grünkern geben.

3 Das gemischte Gemüse waschen, je nach Sorte putzen und in dünne Scheiben schneiden. Mit 1 EL Öl, Salz und Pfeffer mischen. Den Pizzateig auf Backpapier streichen, aufs heiße Blech geben und rasch mit dem Gemüse belegen. Den Käse darüberstreuen. Die Pizza im Ofen (unten) ca. 15 Min. backen.

EXPRESS-TIPP

Statt frischem Gemüse Maiskörner aus der Dose und Paprikastreifen aus dem Glas nehmen.

FALAFELPUFFER mit Auberginenquark

FÜR 4 PERSONEN

170 g Falafel-Trockenmischung | 250 g Sahnequark | 1 schlanke Aubergine (ca. 300 g) | Salz | Pfeffer | 4 EL Olivenöl | 1 Salatgurke | 1 Knoblauchzehe | 150 g Sahnejoghurt | 100 g Reibekäse

Zubereitungszeit: ca. 30 Min. | Backzeit: ca. 15 Min.
Pro Portion ca. 400 kcal, 19 g E, 29 g F, 7 g KH

1 Die Trockenmischung nach Packungsanweisung mit Wasser aufkochen und 10 Min. quellen lassen. Nach 5 Min. den Quark unterziehen. Den Backofen auf 220° vorheizen.

2 Inzwischen die Aubergine waschen und in 1 cm dicke Scheiben schneiden, auf beiden Seiten salzen und pfeffern. Das Olivenöl auf dem Blech verteilen. Den Falafelteig in 8 Portionen teilen und Puffer daraus formen, auf das geölte Blech legen. Auberginen wenden und auf jeden Puffer eine Scheibe legen. Die übrigen Auberginenscheiben dazwischen verteilen. Im heißen Ofen (Mitte) 15 Min. rösten.

3 Inzwischen die Gurke waschen, längs in Viertel, dann quer in ca. 1 cm dicke Scheiben schneiden. Knoblauch schälen und fein hacken. Gurke und Knoblauch unter den Joghurt heben, salzen und pfeffern.

4 Die Auberginenscheiben vom Blech nehmen. Käse auf die Puffer streuen. Blech nochmals 5 Min. hineinschieben. Auberginenscheiben hacken und unter den Joghurt heben. Mit den Puffern servieren.

Fladenbrot-
PIZZA

FÜR 4 PERSONEN

1 türkisches Fladenbrot
1 Dose stückige Tomaten (400 g)
1 TL getrockneter Oregano
Salz
Pfeffer
1 Prise Zucker
2 Kugeln Mozzarella (à 125 g)

Zubereitungszeit: ca. 10 Min.
Backzeit: ca. 15 Min.
Pro Portion ca. 490 kcal,
24 g E, 14 g F, 69 g KH

1 Den Backofen auf 220° vorheizen. Backblech mit Backpapier belegen. Das Fladenbrot aufschneiden und die Hälften auf das Blech legen. Je nach Blechgröße evtl. die Hälften halbieren, sodass alles auf einmal auf das Blech passt.

2 Für die Tomatensauce die Tomaten mit Oregano, Salz, Pfeffer und Zucker verrühren. Sauce auf die Fladenbrotstücke verteilen. Mozzarella in Scheiben schneiden. Fladenbrotstücke mit Mozzarella belegen. Im heißen Ofen (Mitte) 10–15 Min. backen.

VARIANTEN

Parma: Das Fladenbrot mit Tomatensauce bestreichen. Mit 6 Scheiben Parmaschinken und dem Mozzarella belegen und im heißen Ofen (Mitte) 10–15 Min. backen. Inzwischen 100 g Rucola waschen und trocken schütteln. 20 g Parmesan in Späne hobeln. Pizza mit Rucola und Parmesan belegen.

Funghi: Das Fladenbrot mit Tomatensauce bestreichen. 150 g braune Champignons in dünne Scheiben schneiden. 3 Scheiben Kochschinken in Stücke reißen. Die Fladenbrotstücke mit Champignons, Schinken und Mozzarella belegen. Im heißen Ofen (Mitte) 10–15 Min. backen.

Verdura: Das Fladenbrot mit Tomatensauce bestreichen. 1 Glas eingelegte Artischocken (165 g Abtropfgewicht) abgießen, abtropfen lassen und trocken tupfen. 1 rote Paprika waschen, halbieren, weiße Trennwände und Kerne entfernen und in schmale Streifen schneiden, die Fladenbrotstücke mit Artischocken, Paprika und Mozzarella belegen. Im heißen Ofen (Mitte) 10–15 Min. backen.

Flammkuchen-HÖRNCHEN

FÜR 4 PERSONEN

1 Rolle Flammkuchenteig (Kühlregal; 260 g) | 3 Frühlingszwiebeln | 100 g Schmand | 100 g magere Schinkenspeckwürfel | Salz | Pfeffer | frisch geriebene Muskatnuss | 1 Eigelb

Zubereitungszeit: ca. 15 Min. | Backzeit: ca. 20 Min.
Pro Portion ca. 330 kcal, 14 g E, 17 g F, 31 g KH

1 Den Backofen auf 200° vorheizen. Ein Backblech mit Backpapier auslegen. Den Flammkuchenteig aus dem Kühlschrank nehmen.

2 Die Frühlingszwiebeln waschen, putzen und in schmale Ringe schneiden. Mit dem Schmand und den Schinkenspeckwürfeln verrühren, mit Salz, Pfeffer und 1 Prise Muskat würzen.

3 Den Teig entrollen, wie einen Kuchen in 8 Stücke schneiden. Die Stücke jeweils an der breiten Seite vorsichtig noch etwas breiter ziehen. Je 1 gehäuften EL Füllung auf den breiten Teil der Teigstücke verteilen und den Teig zu Hörnchen aufrollen.

4 Die Hörnchen auf das Backblech legen. Das Eigelb mit 1 EL Wasser verquirlen, die Hörnchen damit bestreichen. Im heißen Ofen (Mitte) 15–20 Min. backen. Dazu schmeckt ein grüner Salat.

BÖREKTASCHEN mit Tomatensalat

FÜR 4 PERSONEN

1 Packung TK-Vollkorn-Blätterteig (300 g; 6 quadratische Teigscheiben) | 200 g Baby-Blattspinat | 5 Stiele Minze | 1 Knoblauchzehe | 4 EL Olivenöl | 100 g Schafskäse (Feta) | 1 EL Joghurt (3,5 % Fett) | 1 EL Tahin | Salz | Pfeffer | 1 Ei | 1 TL Sesam | 3 Frühlingszwiebeln | 1 EL Aceto balsamico | 1 TL Senf | ½ TL Honig | 4 Tomaten

Zubereitungszeit: ca. 30 Min. | Backzeit: ca. 15 Min.
Pro Portion ca. 530 kcal, 14 g E, 38 g F, 32 g KH

1 Den Backofen auf 200° vorheizen. Ein Backblech mit Backpapier auslegen. Die Teigscheiben auf dem Backblech ausbreiten und antauen lassen.

2 Spinat waschen und trocken schleudern. Minze waschen, trocken schütteln, Blätter abzupfen. Knoblauch schälen. Spinat, Minze und Knoblauch im Blitzhacker zerkleinern. 1 EL Öl in einer Pfanne erhitzen, Spinatmischung darin 2–3 Min. unter Wenden andünsten. Feta in groben Stücken, Joghurt und Tahin untermischen. Mit Salz und Pfeffer würzen.

3 Die Füllung auf die Teigscheiben verteilen, Teigecken jeweils zur Mitte falten. Das Ei verquirlen, Teig damit bestreichen, mit Sesam bestreuen. Im Ofen (Mitte) ca. 15 Min. backen.

4 Inzwischen Frühlingszwiebeln waschen, putzen und in Ringe schneiden. Essig, Senf, Honig, Salz, Pfeffer und übriges Öl verquirlen. Tomaten waschen, Stielansätze entfernen. Tomaten in Scheiben schneiden. Mit Frühlingszwiebeln und Dressing mischen und mit den Börektaschen servieren.

GRIESSGRATIN mit Mango-Maracuja-Sauce

FÜR 4 PERSONEN

500 ml Milch | 175 g Dinkelgrieß | 80 g Walnüsse | 2 Eier | 100 g Magerquark | 2 EL Honig | 1 reife Mango | 1 Maracuja

Zubereitungszeit: ca. 25 Min. | Backzeit: ca. 15 Min.
Pro Portion ca. 490 kcal, 20 g E, 21 g F, 54 g KH

1 Den Backofen auf 200° vorheizen. Eine flache Gratinform (ca. 20 × 30 cm) mit erhitzen.

2 Die Milch in einem Topf zum Kochen bringen, den Grieß einrühren und bei schwacher Hitze unter Rühren in 2 Min. zu einem Brei kochen. Den Topf vom Herd nehmen. Die Walnüsse hacken.

3 Die Eier trennen. Die Eiweiße steif schlagen. Die Eigelbe mit Quark, Honig und dem Grießbrei verrühren, den Eischnee unterheben. Die Grießmasse in die heiße Form füllen und mit Walnüssen bestreuen. Im Ofen (Mitte) ca. 10–15 Min. backen.

4 Inzwischen die Mango schälen und das Fruchtfleisch auf beiden Seiten vom Stein schneiden. In einen hohen Rührbecher füllen und mit dem Pürierstab fein pürieren.

5 Die Maracuja halbieren und auskratzen, mit dem Mangomus verrühren und nach Belieben mit etwas Honig nachsüßen. Die Mango-Maracuja-Sauce zum Grießgratin reichen.

OBST-QUARK-Schnitten

FÜR 4 PERSONEN

500 g Magerquark | 1 Päckchen Vanillepuddingpulver | ½ TL Zimtpulver | 3 Eier | 2 Päckchen Vanillezucker | 150 g Yufkateig | 2–3 Bananen | 30 g Kokosraspel

Zubereitungszeit: ca. 10 Min. | Backzeit: ca. 20 Min.
Pro Portion ca. 445 kcal, 25 g E, 20 g F, 40 g KH

1 Den Backofen auf 220° vorheizen. Ein Backblech mit Backpapier auslegen. Quark, Vanillepuddingpulver, Zimt, Eier und Vanillezucker in eine Schüssel füllen und miteinander verrühren.

2 1 Lage Yufka-Teigblätter auf das Backblech legen und die Quarkcreme darauf verstreichen. Die Bananen schälen, in Scheiben schneiden und darauf verteilen. Mit Kokosraspeln bestreuen.

3 Den restlichen Teig locker darauflegen. Im Ofen (unten) ca. 20 Min. backen. Herausnehmen, auf ein großes Brett gleiten lassen und mit einem geriffelten Messer in Schnitten teilen.

VARIANTE

Wer keine Bananen mag, kann sie ganz einfach durch Heidelbeeren ersetzen.

APFELPFANNKUCHEN

aus dem Ofen

FÜR 4 PERSONEN

2 Äpfel
100 g Dinkel-Vollkornmehl
25 g gemahlene Mandeln
1 TL Backpulver
Salz
5 Eier
125 ml Milch
75 ml Mineralwasser
mit Kohlensäure + etwas
mehr für den Quark
1 EL Rapsöl
2 EL Mandelblättchen
250 g Magerquark
2 EL Preiselbeeren (Glas)
Puderzucker zum Bestäuben

Zubereitungszeit: ca. 30 Min.
Backzeit: ca. 18 Min.
Pro Portion ca. 380 kcal,
24 g E, 18 g F, 28 g KH

1 Ein Backblech mit Backpapier belegen und in den Ofen schieben. Den Backofen auf 190° vorheizen. Die Äpfel waschen, vierteln, entkernen und im Blitzhacker zerkleinern. Alternativ grob raspeln.

2 Für den Teig das Mehl mit den Mandeln, dem Backpulver und 1 Prise Salz mischen. Die Eier, die Milch und das Mineralwasser dazugeben und alles zu einem glatten Teig verquirlen. Das heiße Blech aus dem Ofen nehmen, Backpapier mit dem Öl einpinseln und gleichmäßig mit Mandelblättchen bestreuen. Den Teig darauf gießen und gleichmäßig mit Äpfeln belegen. Im heißen Ofen (Mitte) 15–18 Min. backen.

3 Inzwischen den Quark mit 1 Schuss Mineralwasser glatt rühren. Die Preiselbeeren dazugeben, leicht unterrühren, sodass ein Marmoreffekt entsteht. Das Blech aus dem Ofen nehmen. Den Pfannkuchen mithilfe des Backpapiers aufrollen, dünn mit Puderzucker bestäuben und in schmale Stücke schneiden. Mit dem Quark als Dip sofort servieren.

VARIANTE

Für Kirschpfannkuchen statt dem Apfel 1 Glas Schattenmorellen abgießen, gut abtropfen lassen und vor dem Backen auf dem Teig verteilen.

ONE-POT

PIZZA-
suppe

FÜR 4 PERSONEN

1 Zwiebel | 1 Knoblauchzehe | 1 Stange Lauch | 3 Stangen Staudensellerie | 1 EL Olivenöl | 300 g mageres Rinderhackfleisch | Salz | Pfeffer | 1 TL getrockneter Oregano | 1 EL Tomatenmark | 1 Dose stückige Tomaten (400 g) | 1 Handvoll Basilikum | geriebener Parmesan (nach Belieben)

Zubereitungszeit: ca. 25 Min.

Pro Portion ca. 180 kcal, 17 g E, 10 g F, 6 g KH

1 Zwiebel und Knoblauch schälen und grob zerteilen. Den Lauch putzen, gründlich waschen und in grobe Stücke schneiden. Den Sellerie waschen, entfädeln und in grobe Stücke schneiden. Alle vorbereiteten Zutaten in den Blitzhacker geben und zerkleinern.

2 Das Öl in einem weiten Topf erhitzen. Das Hackfleisch darin unter Wenden krümelig anbraten. Mit Salz, Pfeffer und Oregano würzen. Das zerkleinerte Gemüse dazugeben und 2–3 Min. mitbraten. Das Tomatenmark einrühren.

3 Die Tomaten und 400 ml Wasser dazugeben. Alles aufkochen und ca. 15 Min. köcheln lassen, dabei ab und zu umrühren. Mit Salz und Pfeffer abschmecken. Basilikum waschen, trocken schütteln und in dünne Streifen schneiden. Die Suppe mit Basilikum und nach Belieben mit Parmesan servieren. Dazu schmeckt knuspriges Baguette.

MÖHREN-MAIS-
Suppe

FÜR 4 PERSONEN

1 Zwiebel | 2 Stangen Staudensellerie | 400 g Möhren | 1 Dose Mais (240 g Abtropfgewicht) | 1 EL Öl | Salz | Pfeffer | 4 Geflügel- oder Veggie-Wiener | 100 g Kochsahne (15 % Fett) | 1 EL Zitronensaft | 2 EL gehackte Petersilie

Zubereitungszeit: ca. 30 Min.

Pro Portion ca. 260 kcal, 11 g E, 15 g F, 19 g KH

1 Die Zwiebel schälen und halbieren. Den Sellerie waschen, entfädeln und in grobe Stücke schneiden. Die Möhren putzen, schälen und grob zerkleinern. Vorbereitete Zutaten im Blitzhacker zerkleinern. Den Mais abgießen und abtropfen lassen.

2 Das Öl in einem Topf erhitzen. Das zerkleinerte Gemüse darin unter Wenden 2–3 Min. andünsten. Den Mais dazugeben. 1 l Wasser angießen, mit Salz und Pfeffer würzen und alles zugedeckt aufkochen und ca. 15 Min. kochen lassen.

3 Inzwischen die Wiener Würstchen in schmale Scheiben schneiden.

4 Die Suppe vom Herd nehmen, Sahne und Zitronensaft dazugeben und alles mit einem Pürierstab cremig pürieren. Die Suppe mit Salz und Pfeffer abschmecken, zurück auf den Herd stellen und die Würstchenscheiben dazugeben. Unter Rühren 2–3 Min. erwärmen. Suppe mit Petersilie bestreut servieren.

Roter LINSENEINTOPF

FÜR 4 PERSONEN

1 Stange Lauch | 6 Stiele Majoran | 2 EL Öl | 200 g rote Linsen | 300 g TK-Grünkohl (in kleinen Blöcken) | Salz | Pfeffer | 200 g ausgelöstes Kasseler | 1 EL Apfelessig | Honig

Zubereitungszeit: ca. 25 Min.

Pro Portion ca. 285 kcal, 18 g E, 8 g F, 35 g KH

1 Den Lauch putzen, gründlich waschen, längs halbieren und in schmale Scheiben schneiden. Den Majoran waschen und trocken tupfen.

2 Das Öl in einem Topf erhitzen. Den Lauch und die Linsen darin unter Wenden kurz andünsten. TK-Grünkohl und Majoranzweige dazugeben. 1,2 l Wasser angießen, mit Salz und Pfeffer würzen, aufkochen und alles ca. 10 Min. köcheln lassen. Dabei öfter umrühren.

3 Inzwischen das Kasseler trocken tupfen und in kleine Würfel schneiden. In den Eintopf geben und weitere ca. 2 Min. köcheln lassen. Die Majoranzweige entfernen. Den Eintopf mit Salz, Pfeffer, Essig und etwas Honig abschmecken und servieren.

VARIANTE

Statt Kasseler schmecken auch Wiener Würstchen in Scheiben oder gewürfelter Räuchertofu im Eintopf.

Basilikum- CREMESÜPPCHEN

FÜR 4 PERSONEN

80 g Cashewkerne | 1 Knoblauchzehe | 1 große Zwiebel | 2 EL Olivenöl | 1 große Dose weiße Bohnen (800 g, 480 g Abtropfgewicht) | 1 Bund Basilikum | 300 ml Haferdrink | 60 g Pesto (Glas) | Salz | Pfeffer | Zitronensaft

Zubereitungszeit: ca. 15 Min.

Pro Portion ca. 325 kcal, 12 g E, 19 g F, 27 g KH

1 Die Cashewkerne grob hacken. Knoblauch und Zwiebel schälen und in Würfel schneiden. Die Cashewkerne in einer Pfanne ohne Fett anrösten. Olivenöl, Zwiebel- und Knoblauchwürfel dazugeben und bei sanfter Hitze dünsten, bis sie zu bräunen beginnen.

2 Die Bohnen mitsamt Sud dazugeben. Basilikum waschen, einige Blätter beiseitelegen, den Rest mitsamt Stielen zu den Bohnen geben. Alles mit dem Pürierstab fein pürieren.

3 Die Haferdrink unterrühren. Mit dem Pesto, Salz, Pfeffer und Zitronensaft abschmecken. Mit Basilikum bestreut servieren.

TIPP

Den Bohnensud mit den Rührbesen des Handrührgeräts aufschlagen und unter die Suppe heben.

Asiatische KOKOSSUPPE

FÜR 4 PERSONEN

500 g braune Champignons | ½ Bund Frühlingszwiebeln | 2 Stauden Pak Choi (ersatzweise Mangold) | 1 Stück Ingwer (2 cm lang) | 4 Eier | 1 EL Öl | 1 TL Currypulver | 1 l Gemüsebrühe | 1 kleine Dose Kokosmilch (270 g) | Salz | 1 Packung Ramen Nudeln (asiatische Suppennudeln; 270 g) | 2–3 EL Limettensaft | Limettenspalten (nach Belieben) | Chilisauce (nach Belieben)

Zubereitungszeit: ca. 25 Min.

Pro Portion ca. 540 kcal, 22 g E, 25 g F, 52 g KH

1 Die Pilze putzen und klein schneiden. Die Frühlingszwiebeln waschen, putzen und schräg in schmale Stücke schneiden. Den Pak Choi waschen, trocken schütteln und die Blätter von den Stielen trennen. Die Stiele quer in schmale Stücke, die Blätter in Streifen schneiden. Den Ingwer schälen und fein würfeln.

2 Die Eier in kochendem Wasser in ca. 9 Min. hart kochen. Abgießen und kalt abschrecken.

3 Inzwischen das Öl in einem Topf erhitzen. Die Pilze darin unter Wenden ca. 5 Min. kräftig anbraten. Den weißen Teil der Frühlingszwiebeln, die Pak-Choi-Stiele und den Ingwer dazugeben und alles weitere 2–3 Min. unter Wenden braten. Mit Currypulver bestäuben. Die Gemüsebrühe und die Kokosmilch dazugießen, mit Salz würzen und alles aufkochen. Pak-Choi-Blätter und Nudeln dazugeben und nach Packungsanweisung in der Flüssigkeit garen.

4 Die Eier pellen. Die Suppe mit Limettensaft und Salz abschmecken, mit Eiern und Frühlingszwiebelgrün anrichten und nach Belieben Limettenspalten und Chilisauce dazureichen.

KARTOFFEL-LAUCH-Suppe mit Lachs

FÜR 4 PERSONEN

1 Zwiebel | 500 g mehligkochende Kartoffeln | 3 Stangen Lauch (ca. 700 g) | 1 EL Rapsöl | Salz | ½ Bund Petersilie | 2 EL Crème fraîche | Pfeffer | 250 g heiß geräucherter Lachs (ersatzweise Räucherlachs)

Zubereitungszeit: ca. 30 Min.

Pro Portion ca. 335 kcal, 23 g E, 18 g F, 20 g KH

1 Die Zwiebel schälen und würfeln. Die Kartoffeln schälen und in ca. 1 cm große Würfel schneiden. Den Lauch putzen, gründlich waschen, längs halbieren und quer in schmale Ringe schneiden.

2 Das Öl in einem Topf erhitzen. Die Zwiebeln darin glasig andünsten. Die Kartoffeln und den Lauch dazugeben, alles weitere 3–4 Min. unter Wenden andünsten. 1,2 l Wasser dazugießen, mit Salz würzen. Alles aufkochen, dann zugedeckt ca. 15 Min. köcheln lassen.

3 Inzwischen die Petersilie waschen, trocken schütteln, Blätter abzupfen und klein hacken.

4 Die Suppe vom Herd nehmen, Crème fraîche dazugeben und alles fein pürieren. Mit Salz und Pfeffer würzen. Den Lachs etwas zerzupfen. Die Suppe anrichten, jeweils etwas Lachs daraufgeben und mit Petersilie bestreuen.

Quinoa-HACKFLEISCH-TOPF

FÜR 4 PERSONEN

1 Zwiebel | 1 EL Rapsöl | 250 g Rinderhackfleisch | Salz | Pfeffer | 1 TL Currypulver | 500 g junge Möhren | 150 g Quinoa | 2 Pfirsiche | 1 Bund Schnittlauch | 250 g Sahnejoghurt

Zubereitungszeit: ca. 25 Min.

Pro Portion ca. 425 kcal, 24 g E, 20 g F, 37 g KH

1 Die Zwiebel schälen und fein hacken. Das Öl in einem Schmortopf erhitzen. Hackfleisch und Zwiebeln darin in 5–7 Min. unter Rühren krümelig braten. Mit Salz, Pfeffer und Currypulver würzen.

2 Inzwischen die Möhren waschen, wenn nötig schälen und in kleine Würfel schneiden. Mit Quinoa zum Hackfleisch in die Pfanne geben, mit 500 ml Wasser angießen, aufkochen und bei kleiner Hitze 10 Min. garen. Pfirsiche waschen, halbieren, entsteinen und in kleine Würfel schneiden. In die Pfanne geben und heiß werden lassen.

3 Schnittlauch waschen, trocken schütteln und in feine Röllchen schneiden. Schnittlauchröllchen unter den Joghurt rühren. Quinoatopf abschmecken, wenn nötig noch etwas kochendes Wasser dazugeben. Mit dem Joghurt servieren.

VEGGIE-VARIANTE

Statt Hackfleisch 80 g gehackte Walnüsse anbraten.

Grüne
GNOCCHI

FÜR 4 PERSONEN

600 g TK-Rahmspinat | 1 Dose Mais (240 g Abtropfgewicht) | 500 g Gnocchi | 60 g Pinienkerne | Salz | Pfeffer | frisch geriebene Muskatnuss | 60 g Frischkäse

Zubereitungszeit: ca. 20 Min.

Pro Portion ca. 475 kcal, 17 g E, 15 g F, 68 g KH

1 Den Spinat in einem Topf zugedeckt bei mittlerer Hitze auftauen lassen. Mais in ein Sieb abgießen und abtropfen lassen. Die Gnocchi und abgetropften Mais zum Spinat geben und zugedeckt bei kleiner Hitze ca. 5 Min. garen.

2 Inzwischen die Pinienkerne in einer Pfanne ohne Fett anrösten, bis sie duften.

3 Die One-Pot-Gnocchi mit Salz, Pfeffer und 1 Prise Muskat abschmecken. Den Frischkäse unterheben. Auf 4 Teller verteilen und jede Portion mit gerösteten Pinienkernen toppen.

VARIANTE

Statt Mais Kidneybohnen verwenden.

SÜSSKARTOFFELPOT
mit Glasnudeln

FÜR 4 PERSONEN

400 g Süßkartoffeln
1 EL Öl
1 TL Currypulver
400 ml Kokosmilch light
1 Kaffir-Limettenblatt
Salz
Pfeffer
1 gelbe Paprika
150 g Glasnudeln
2 Frühlingszwiebeln
1 Dose Kidneybohnen (Abtropfgewicht 255 g)
Kokoschips zum Bestreuen

Zubereitungszeit: ca. 25 Min.
Pro Portion ca. 380 kcal,
7 g E, 10 g F, 66 g KH

1 Die Süßkartoffeln waschen, schälen und in mundgerechte Würfel schneiden. 1 EL Öl in einem Topf erhitzen und die Süßkartoffelwürfel darin 1–2 Min. andünsten, Currypulver darüberstreuen. Mit 200 ml Kokosmilch ablöschen, Kaffir-Limettenblatt dazugeben, salzen und pfeffern. Deckel auflegen und zugedeckt bei kleiner Hitze köcheln lassen.

2 Die Paprika waschen, halbieren, weiße Trennwände und Kerne entfernen und die Hälften in Würfel schneiden. Paprika zu den Süßkartoffeln geben, weitergaren.

3 Glasnudeln mit kochendem Wasser übergießen, 2 Min. ziehen lassen, dann in ein Sieb abgießen und abtropfen lassen.

4 Die Frühlingszwiebeln waschen, putzen und samt Grün in dünne Ringe schneiden. Die Kidneybohnen abgießen und mit der übrigen Kokosmilch, den Frühlingszwiebeln und den Glasnudeln zum Eintopf geben. Einmal aufkochen lassen. Auf Teller verteilen, mit Kokoschips bestreuen und servieren.

TIPP

Kaffir-Limettenblätter gibt es getrocknet in Asienläden. Mehr Aroma entfalten frische Blätter. Es lohnt sich, einen Vorrat einzufrieren: schmeckt wunderbar exotisch!

PASTA CAPRESE

FÜR 4 PERSONEN

1 Zwiebel | 1 Knoblauchzehe | 2 EL Öl | 1 Dose stückige Tomaten (400 g) | 400 ml Gemüsebrühe | 50 g Doppelrahm-Frischkäse | 350 g Penne | 150 g Mini-Mozzarella | 5 Stiele Basilikum | Salz | Pfeffer

Zubereitungszeit: ca. 25 Min.

Pro Portion ca. 520 kcal, 20 g E, 17 g F, 70 g KH

1 Die Zwiebel und den Knoblauch schälen und fein würfeln. Das Öl in einem Topf erhitzen, Zwiebeln und Knoblauch darin andünsten.

2 Die Tomaten, die Brühe, den Frischkäse und die Nudeln dazugeben und aufkochen. Alles 13–15 Min. kochen lassen. Dabei am Anfang ab und zu, am Ende häufig rühren, damit die Nudeln nicht ansetzen und gleichmäßig garen.

3 Inzwischen den Mini-Mozzarella abtropfen lassen. Basilikum waschen, trocken schütteln, Blättchen von den Stielen zupfen und, bis auf einige zum Garnieren, in feine Streifen schneiden.

4 Die Pasta mit Salz und Pfeffer abschmecken. Basilikum untermischen. Pasta auf Tellern anrichten, Mozzarella darauf verteilen und mit übrigem Basilikum garnieren.

BROKKOLIPASTA

FÜR 4 PERSONEN

1 Zwiebel | 1 Knoblauchzehe | 500 g TK-Brokkoli | Salz | 400 g Penne | 1 EL Tomatenmark | 1 TL getrockneter Oregano | 750 ml Gemüsebrühe | 1 Dose stückige Tomaten (400 g) | 2 EL Olivenöl | Pfeffer | ½ Bund Basilikum | 50 g geriebener Gouda (nach Belieben)

Zubereitungszeit: ca. 30 Min.

Pro Portion ca. 520 kcal, 21 g E, 11 g F, 86 g KH

1 Zwiebel und Knoblauch schälen und fein würfeln. Brokkoli nach Packungsanweisung in Salzwasser garen.

2 Die Nudeln in einen weiten Topf geben. Die Zwiebeln, den Knoblauch, das Tomatenmark, Oregano, Brühe, Tomaten, Öl, etwas Salz und Pfeffer dazugeben, alles einmal durchrühren und zugedeckt zum Kochen bringen. Die Nudeln offen unter gelegentlichem Rühren ca. 10 Min. bei mittlerer Hitze gar kochen.

3 Inzwischen Basilikum waschen, trocken schütteln, die Blätter von den Stielen zupfen und in Streifen schneiden. Den Brokkoli abgießen, abtropfen lassen und unter die Nudeln mischen. Alles weitere 3–4 Min. kochen. Die Nudeln mit Salz und Pfeffer abschmecken. Auf Tellern anrichten. Mit Basilikum und nach Belieben mit Gouda bestreuen.

CHICORÉEPASTA

FÜR 4 PERSONEN

200 g Bandnudeln (10 Min. Garzeit) | Salz | 1 kleine Dose Ananasstückchen (Abtropfgewicht 340 g) | 750 g Chicorée | 2 EL Butter oder Rapsöl | 1 EL mildes Currypulver | Pfeffer | 100 g Sahne | 100 g Putenschinken in Scheiben

Zubereitungszeit: ca. 20 Min.

Pro Portion ca. 530 kcal, 15 g E, 16 g F, 57 g KH

1 1 l heißes Wasser im Topf mit den Bandnudeln und 1 TL Salz aufsetzen und zum Kochen bringen. Wenn die Nudeln noch bissfest sind, abgießen.

2 Ananas abtropfen lassen, den Sud auffangen. Chicorée waschen, in fingerdicke Scheiben schneiden. Die Butter in einer Pfanne erhitzen, Chicoree darin anbraten. Mit Currypulver, Salz und Pfeffer würzen. Die Bandnudeln dazugeben. 250 ml Ananassaft und Sahne angießen.

3 Zugedeckt ca. 2 Min. ziehen lassen, zwischendurch umrühren und wenn nötig Wasser dazugeben. Inzwischen den Putenschinken in dünne Streifen schneiden. Schinken und Ananasstücke unterziehen und abschmecken.

VARIANTE

Veggies verwenden statt Putenschinken 50 g Walnüsse.

SPINATPASTA

FÜR 4 PERSONEN

1 Zwiebel | 2 EL Olivenöl | 450 g TK-Spinat-Minis | 300 g Farfalle | 100 g Doppelrahm-Frischkäse | Salz | Pfeffer | frisch geriebene Muskatnuss | 4 Eier

Zubereitungszeit: ca. 25 Min.

Pro Portion ca. 490 kcal, 20 g E, 19 g F, 59 g KH

1 Die Zwiebel schälen und fein würfeln. 1 EL Öl in einem weiten Topf erhitzen. Die Zwiebeln darin andünsten. Den Spinat und 800 ml Wasser dazugeben, unter Rühren aufkochen. Sobald die Flüssigkeit kocht, die Nudeln dazugeben. Alles 15–17 Min. unter gelegentlichem Rühren offen köcheln lassen, bis die Nudeln gar sind.

2 Den Topf vom Herd nehmen und den Frischkäse unter die Nudeln rühren. Mit Salz, Pfeffer und 1 Prise Muskat abschmecken. Die Nudeln zugedeckt ziehen lassen.

3 Inzwischen übriges Öl in einer Pfanne erhitzen. Die Eier darin zu Spiegeleiern braten, salzen. Die Nudeln anrichten und je 1 Spiegelei daraufgeben.

VARIANTE

Statt Spiegeleiern schmeckt in Streifen geschnittener Räucherlachs oder Kochschinken.

Kartoffel-RISOTTO

FÜR 4 PERSONEN

1 Zwiebel | 1 Knoblauchzehe | 600 g festkochende Kartoffeln | 2 Fenchelknollen | 1 EL Olivenöl | Salz | Pfeffer | frisch geriebene Muskatnuss | 100 g Rucola | 75 g Parmesan | 2 EL Crème fraîche

Zubereitungszeit: ca. 30 Min.

Pro Portion ca. 235 kcal, 11 g E, 11 g F, 22 g KH

1 Zwiebel und Knoblauch schälen und fein würfeln. Die Kartoffeln waschen, schälen und in ca. 0,5 cm große Würfel schneiden. Den Fenchel waschen, putzen, längs halbieren und in feine Scheiben hobeln.

2 Öl in einem weiten Topf erhitzen. Zwiebeln und Knoblauch darin andünsten. Kartoffelwürfel und Fenchel dazugeben und 2–3 Min. mitdünsten. 500 ml Wasser angießen, mit Salz, Pfeffer und 1 Prise Muskat würzen, alles aufkochen und unter gelegentlichem Rühren ca. 15 Min. kochen lassen.

3 Inzwischen den Rucola waschen, trocken schütteln, grobe Stiele entfernen und hacken. Den Parmesan in Stücken in den Blitzhacker geben und zerkleinern.

4 Crème fraîche und die Hälfte des Parmesans unterrühren. Mit Rucola und übrigem Parmesan anrichten.

SCHNÜSCH mit Brätklößchen

FÜR 4 PERSONEN

30 g Butter | 25 g Mehl | 500 g vorwiegend festkochende Kartoffeln | 2 Kohlrabi | 300 g junge Möhren | 1 kleine Zwiebel | 1 EL Rapsöl | 350 ml Milch | Salz | 2 rohe Bratwürste (150 g) | 150 g TK-Erbsen | Pfeffer | frisch geriebene Muskatnuss | 1 TL Zitronensaft | 2 EL gehackte TK-Petersilie

Zubereitungszeit: ca. 30 Min.

Pro Portion ca. 400 kcal, 15 g E, 23 g F, 35 g KH

1 Die Butter in Stücken und mit dem Mehl im Blitzhacker verkneten, zu 3–4 Kugeln formen und einfrieren. Die Kartoffeln, den Kohlrabi und die Möhren waschen und schälen.

2 Die Zwiebel schälen und klein würfeln. Das Öl in einem Topf erhitzen, die Zwiebeln darin andünsten. Die Milch und 400 ml Wasser dazugießen und zum Kochen bringen. Währenddessen Kartoffeln, Kohlrabi und Möhren in ca. 2 cm große Würfel schneiden.

3 Kartoffeln, Kohlrabi und Möhren in die kochende Suppe geben, mit Salz würzen, erneut aufkochen und bei mittlerer Hitze 12–15 Min. köcheln lassen, bis Kartoffeln und Gemüse gar sind. Ab und zu umrühren.

4 Inzwischen das Brät portionsweise aus den Würsten drücken. Ca. 5 Min. vor Ende der Garzeit mit den TK-Erbsen zum Eintopf geben und mitgaren. Gefrorene Mehl-Butter nach und nach unterrühren. Kurz köcheln lassen, bis die Flüssigkeit andickt. Schnüsch mit Salz, Pfeffer, 1 Prise Muskat und Zitronensaft abschmecken. Mit Petersilie bestreut anrichten.

Grundrezept
MISOBRÜHE

200 ml Wasser mit 50 g heller Miso-Paste in einen Topf geben und glatt rühren. 1 l Wasser dazugeben und aufkochen. Mit 2 EL Sojasauce, 1 TL Zitronensaft und Pfeffer abschmecken. Zutaten je nach ausgewählter Variante (siehe rechts) dazugeben und in der Brühe garen.

Kartoffel-Bohnen-Suppentopf

400 g festkochende Kartoffeln schälen, waschen und in Würfel schneiden. 2 Möhren waschen, schälen und in schmale Scheiben schneiden. Die Miso-Brühe aufkochen. Kartoffeln, Möhren und 450 g TK-grüne-Bohnen in Stücken dazugeben und 12–15 Min. köcheln lassen. 4 Geflügel-Wiener in schmale Scheiben schneiden. 3 Min. vor Ende der Garzeit zugeben und mitköcheln. Suppentopf vom Herd nehmen, 2 EL Schmand einrühren und mit Salz und Pfeffer abschmecken. Mit 2 EL gehackter Petersilie bestreuen.

Asia-Suppentopf

1 Stück Ingwer (ca. 1 cm lang) schälen und in Scheiben schneiden. Miso-Brühe mit Ingwer aufkochen. 2 Frühlingszwiebeln putzen, waschen und in Ringe schneiden. 200 g Zuckerschoten waschen, putzen und quer in schmale Streifen schneiden. Beides mit 180 g Soba-Nudeln (Buchweizennudeln) in die Brühe geben und ca. 7 Min. kochen lassen. 200 g Seidentofu würfeln. Kurz vor Ende der Garzeit zum Suppentopf geben und erwärmen. Mit Salz würzen. Mit 2 EL gehacktem Koriandergrün bestreuen und mit Limettenspalten servieren.

Suppentopf Italia

Die Miso-Brühe aufkochen. Je 1 Zwiebel und Knoblauchzehe schälen und klein würfeln. 2 Stangen Staudensellerie putzen, entfädeln, waschen und klein schneiden. 1 Zucchino putzen, waschen, längs halbieren und in schmale Scheiben schneiden. 1 EL Olivenöl in einem Topf erhitzen. Gemüse darin ca. 5 Min. andünsten. 2 EL Tomatenmark einrühren. Miso-Brühe angießen, alles aufkochen und ca. 10 Min. köcheln lassen. 1 Dose Cannellini-Bohnen (240 g Abtropfgewicht) abgießen, kalt abspülen. Ca. 5 Min. vor Ende der Garzeit dazugeben. Suppentopf mit 2 EL Basilikum-Pesto (Glas), Salz und Pfeffer würzen. Mit 30 g geriebenem Parmesan bestreuen.

Hühnersuppentopf

Miso-Brühe aufkochen. Währenddessen 200 g Hähnchenbrustfilet quer in 2–3 mm schmale Scheiben schneiden. Zusammen mit 450 g TK-Suppengemüse und 120 g kleinen Suppennudeln in die Brühe geben. Erneut aufkochen und ca. 5 Min. garen, bis das Fleisch durch, das Gemüse warm und die Nudeln gar sind. Suppentopf mit Salz und Pfeffer abschmecken und mit 2 EL gehackter Petersilie bestreut servieren.

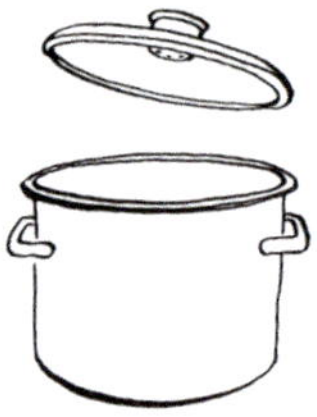

PUTE
im bunten Reistopf

FÜR 4 PERSONEN

400 g TK-Prinzessbohnen
200 g Putengeschnetzeltes
Salz
Pfeffer
Currypulver
2 EL Rapsöl
150 g parboiled Reis
50 g rote Linsen
2 Zwiebeln
80 g Studentenfutter
200 g Crème légère

Zubereitungszeit: ca. 20 Min.
Pro Portion ca. 600 kcal,
29 g E, 28 g F, 59 g KH

1 Die Bohnen aus dem Tiefkühlfach nehmen. Das Geschnetzelte mit Salz, Pfeffer und Currypulver würzen. Wasser im Wasserkocher zum Kochen bringen.

2 Das Öl in einem Topf erhitzen und das Geschnetzelte darin anbraten. Wenn das Fleisch zu bräunen beginnt, Reis, Linsen, Bohnen und 1 TL Salz dazugeben. Mit 500 ml heißem Wasser angießen, aufkochen und zugedeckt bei kleiner Hitze garen.

3 Die Zwiebeln schälen und hacken, mit dem Studentenfutter unterziehen, wieder aufkochen und bei geschlossenem Deckel in 15 Min. fertig garen.

4 Die Crème légère mit Currypulver verrühren. Den Eintopf in eine Schüssel füllen. Mit Abstand kleine Kuhlen formen und mit der Curry-Crème-fraîche füllen.

EXPRESS-TIPP

Mit Bohnen aus dem Glas geht's noch schneller: diese erst am Ende unterziehen.

MILCHREIS
mit Melone

FÜR 4 PERSONEN

400 g Haferdrink | 50 g gehackte Mandeln |
1 Vanilleschote | 100 g Vollkorn-Reisflocken |
1 kleine Melone | 1 EL gehackte Pistazien
Zubereitungszeit: ca. 20 Min.
Pro Portion ca. 285 kcal, 7 g E, 10 g F, 44 g KH

1 Den Haferdrink mit den gehackten Mandeln, der Vanilleschote und den Reisflocken aufkochen. 5 Min. bei kleiner Hitze weiterkochen, dann auf der ausgeschalteten Herdplatte zugedeckt 5 Min. quellen lassen. Zum Abkühlen auf einem großen Teller verteilen. Vanilleschote entfernen.

2 Inzwischen die Melone halbieren, die Kerne entfernen und das Innere mit einem kleinen Eisportionierer oder Kugelausstecher aushöhlen. Einige schöne Kugeln beiseitelegen.

3 Den Rest grob hacken, mit dem Reis mischen, in die Hälften füllen und mit den Kugeln garnieren. Mit Pistazien bestreuen.

TIPP

Wer's süßer mag: Statt Mandeln Marzipanrohmasse nehmen oder statt Vanille Vanillezucker verwenden und den Reis mit Ahornsirup süßen.

SCHOKOKRÜMEL
mit Orangenquark

FÜR 4 PERSONEN

150 g Hirse | 1 Stück Zimtstange (2 cm lang) |
10 Soft-Datteln (ca. 70 g) | 80 g ungeschälte Mandeln |
2 TL Kakaopulver | 200 ml Milch | 2 Orangen |
250 g Magerquark | flüssiger Honig (nach Belieben)
Zubereitungszeit: ca. 25 Min.
Pro Portion ca. 420 kcal, 20 g E, 15 g F, 52 g KH

1 Die Hirse mit 200 ml Wasser und der Zimtstange aufkochen und bei kleiner Hitze quellen lassen. Die Datteln mit den Mandeln und dem Kakaopulver im Blitzhacker zerkleinern. Mit 150 ml Milch zur Hirse geben und bei kleiner Hitze 15 Min. quellen lassen.

2 Die Orangen schälen und vierteln. Dabei das weiße Innere entfernen. Die Viertel quer in schmale Scheiben schneiden. Die Orangenstückchen samt Saft unter den Quark ziehen.

3 Den Quark nach Belieben mit Honig abschmecken. Die übrige Milch unter die Schokohirse rühren. Dessert auf 4 Schälchen verteilen und mit dem Orangenquark servieren.

EXPRESS-TIPP

Statt Hirse 150 g Hirseflocken nehmen, kalt anrühren und kurz quellen lassen.

Joghurt
Joghurt
Joghurt
Joghurt
Joghurt
Joghurt
Joghurt
Joghurt

Mix & MATCH

SCHNELLE DIPS
für jedes Gemüse

MANGODIP MIT GEMÜSE

FÜR 4 PERSONEN

1 Dose weiße Bohnen (240 g Abtropfgewicht) abgießen, abspülen und abtropfen lassen. ½ Mango schälen, vom Stein schneiden und würfeln. Die Bohnen mit Mango, 1 EL Limettensaft, 1 TL Currypulver und 1 Prise gemahlenem Kreuzkümmel pürieren. Mit Salz und Pfeffer würzen. 400 g gemischtes Gemüse (z. B. Paprika und Gurke) je nach Sorte waschen, putzen und schälen, in Stifte oder Streifen schneiden und mit 100 g Vollkorn-Grissini zum Dip servieren.

Zubereitungszeit: ca. 10 Min.
Pro Portion ca. 175 kcal, 7 g E, 2 g F, 31 g KH

TOFU-PAPRIKA-CREME

FÜR 4 PERSONEN

150 g Seidentofu mit 120 g Paprika in Öl, 50 g Tomatenmark und 50 g grünen Oliven mit einem Pürierstab fein pürieren. Mit Salz, Pfeffer und edelsüßem Paprikapulver würzen. 1 Salatgurke und 1 Kohlrabi waschen. Die Gurke in fingerdicke Scheiben schneiden. Kohlrabi schälen und erst in Scheiben, dann in Sticks schneiden. Dip mit dem Gemüse und 400 g Fladenbrot servieren.

Zubereitungszeit: ca. 10 Min.
Pro Portion ca. 330 kcal, 13 g E, 5 g F, 57 g KH

GRÜNER DIP

FÜR 4 PERSONEN

800 g Kartoffeln waschen, in einem Topf mit wenig Wasser aufkochen und zugedeckt in ca. 20 Min. garen. 100 g Kürbiskerne in einer Pfanne ohne Fett anrösten. 1 Zucchino waschen, putzen und grob zerteilen. 1 Bund Basilikum waschen, trocken schütteln und grob hacken. 1 Avocado halbieren, Kern entfernen, Fruchtfleisch aus der Schale heben und mit 1 EL Zitronensaft beträufeln. 250 g Kirschtomaten waschen. Die Kartoffeln mit Dip und Tomaten servieren.

Zubereitungszeit: ca. 10 Min.
Pro Portion ca. 365 kcal, 12 g E, 22 g F, 31 g KH

PINK DIP MIT FLADENBROT

FÜR 4 PERSONEN

125 g Rote Bete (vorgegart und vakuumiert) trocken tupfen, in grobe Stücke schneiden und mit 150 g Joghurt (5 % Fett), 20 g Senf und 1 EL Olivenöl fein pürieren. Mit Salz und Pfeffer würzen. 400 g gemischtes Gemüse (z. B. Möhren und Staudensellerie) je nach Sorte waschen, putzen und schälen, in mundgerechte Stifte oder Streifen schneiden. 1 kleines türkisches Fladenbrot nach Belieben kurz im Toaster oder Backofen rösten und mit Gemüse zum Dip servieren.

Zubereitungszeit: ca. 10 Min.
Pro Portion ca. 355 kcal, 14 g E, 6 g F, 61 g KH

Mit diesen abwechslungsreichen Dips macht Gemüse auch Gemüsemuffeln richtig Spaß: ups, schon weggesnackt.

LINSENSALAT
mit Halloumi

FÜR 4 PERSONEN

1 Dose Linsen (265 g Abtropfgewicht) | ½ Bund Frühlingszwiebeln | 1 große rote Paprika | 100 g Rucola | ½ Bund Petersilie | 2 EL Aceto balsamico bianco | 1 TL Senf | ½ TL Honig | Salz | Pfeffer | 3 ½ EL Olivenöl | 1 Packung Halloumi (200 g)

Zubereitungszeit: ca. 20 Min.

Pro Portion ca. 325 kcal, 17 g E, 23 g F, 13 g KH

1 Die Linsen abgießen, abspülen und gut abtropfen lassen. Die Frühlingszwiebeln waschen, putzen und in schmale Ringe schneiden. Die Paprika waschen, halbieren, weiße Trennwände und Kerne entfernen und in kleine Würfel schneiden. Rucola waschen, trocken schütteln, grobe Stiele entfernen. Die Blätter etwas kleiner schneiden. Die Petersilie waschen, trocken schütteln und hacken. Essig mit Senf, Honig, Salz, Pfeffer und 3 EL Öl verrühren.

2 Die Linsen mit allen vorbereiteten Zutaten in eine Salatschüssel füllen. Das Dressing unterrühren und mit Salz und Pfeffer würzen.

3 Den Halloumi trocken tupfen und in dünne Scheiben schneiden. Eine Grillpfanne mit übrigem Öl einpinseln. Die Halloumischeiben darin pro Seite 2–3 Min. braten. Mit dem Linsensalat servieren.

TORTELLINI-SALAT
mit Hähnchenspießen

FÜR 4 PERSONEN

400 g Hähnchenbrustfilets | 1 große gelbe Paprika | 1 große rote Zwiebel | 1 EL Zitronensaft | 4 EL Olivenöl | ½ TL edelsüßes Paprikapulver | Salz | Pfeffer | 400 g Tortellini mit Spinat-Ricotta-Füllung (Kühlregal) | 1 Knoblauchzehe | 1 Bund Basilikum | 1 EL Aceto balsamico bianco | 250 g Kirschtomaten

Zubereitungszeit: ca. 30 Min.

Pro Portion ca. 405 kcal, 32 g E, 14 g F, 36 g KH

1 Für die Spieße das Fleisch trocken tupfen und in ca. 2 cm große Würfel schneiden. Die Paprika waschen, halbieren, weiße Trennwände und Kerne entfernen und in ca. 2 cm große Stücke schneiden. Die Zwiebel schälen, halbieren und in schmale Spalten schneiden. Zitronensaft, 1 EL Öl, Paprikapulver, Salz und Pfeffer verrühren. Vorbereitete Zutaten damit mischen. Kurz ziehen lassen.

2 Inzwischen für den Salat die Tortellini in Salzwasser nach Packungsanweisung garen. Den Knoblauch schälen. Basilikum waschen, trocken schütteln, Blätter von den Stielen zupfen, ein paar beiseitelegen. Den Rest mit Knoblauch, 2 EL Öl und Essig im Blitzhacker fein pürieren. Mit Salz und Pfeffer abschmecken.

3 Je 3 Fleischwürfel im Wechsel mit Paprika und Zwiebeln auf 8 Holzspieße stecken. Übriges Öl in einer großen beschichteten Pfanne erhitzen. Die Spieße darin von jeder Seite 3–4 Minuten braten.

4 Die Tortellini abgießen, abtropfen lassen und unter das Dressing mischen. Die Tomaten waschen und halbieren. Unter den Salat mischen, mit Salz und Pfeffer abschmecken und mit Basilikumblättchen garnieren. Den Salat mit den Spießen servieren.

Querbeet-
RISOTTOSALAT

FÜR 4 PERSONEN

1 Bio-Zitrone | 150 g Risotto-Reis | Salz | 250 g grüner Spargel | 150 g TK-Erbsen | 1 Bund Basilikum | 200 g Erdbeeren | 100 g Putenschinken | 1 EL Senf | 3 EL Rapsöl | Pfeffer

Zubereitungszeit: ca. 30 Min.

Pro Portion ca. 280 kcal, 12 g E, 9 g F, 38 g KH

1 Die Zitrone heiß abwaschen, abtrocknen, die Schale abreiben, Zitrone auspressen. Den Reis mit Zitronenschale, der Hälfte des Safts, 1 TL Salz und 350 ml Wasser aufkochen. Deckel auflegen und zugedeckt bei kleiner Hitze ca. 15 Min. garen.

2 Inzwischen den Spargel waschen, im unteren Drittel schälen und in 2 cm lange Stücke teilen. In den letzten 5 Min. mit dem Reis mitgaren, evtl. noch etwas Wasser dazugeben. Am Ende der Garzeit die Erbsen dazugeben und im heißen Reis auftauen lassen. In eine große Schüssel umfüllen und ausdampfen lassen.

3 Basilikum waschen, trocken schütteln, die Blätter abzupfen und grob hacken. Die Erdbeeren waschen, putzen und vierteln oder halbieren. Den Putenschinken in feine Streifen schneiden. Den Senf mit dem übrigen Zitronensaft und dem Öl vermischen. Mit Basilikum, Erdbeeren und den Putenstreifen unter den Reis ziehen. Mit Salz und Pfeffer abschmecken.

TIPP

Passt zu Gegrilltem oder in die Lunchbox. Als Hauptmahlzeit doppelt so viel Putenschinken dazugeben.

EXPRESS-TIPP

Statt Spargel Artischockenherzen aus der Dose in Streifen schneiden und nach dem Garen unterziehen.

Knackiger

QUINOASALAT

FÜR 4 PERSONEN

1 Bio-Zitrone | 150 g Quinoa | Salz | 1 Bund Radieschen | ½ Salatgurke | 100 g Schafskäse (Feta) | 1 kleine Knoblauchzehe | 3 EL Olivenöl | Pfeffer

Zubereitungszeit: ca. 25 Min.

Pro Portion ca. 270 kcal, 11 g E, 14 g F, 24 g KH

1 Die Zitrone heiß abwaschen, abtrocknen und ein Stück Schale abschneiden. Die Zitrone auspressen. Quinoa mit 300 ml Wasser, Salz und Zitronenschale in einem Topf zum Kochen bringen und zugedeckt bei kleiner Hitze ca. 15 Min. ausquellen lassen.

2 Inzwischen die Radieschen waschen. Das Grün abtrennen und mitsamt Stielen im Blitzhacker fein hacken. Die Radieschen grob hacken. Die Gurke waschen, längs vierteln und in dünne Scheiben schneiden. Den Schafskäse zerbröseln.

3 Gemüse und Schafskäse unter die lauwarme Quinoa ziehen. Knoblauch schälen und dazupressen. Mit dem Zitronensaft, Öl, Salz und Pfeffer mischen.

TIPP

Passt zu Gegrilltem oder in die Lunchbox. Als Hauptmahlzeit doppelt so viel Feta dazugeben.

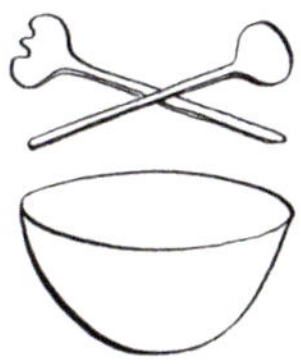

Bunter BROTSALAT

FÜR 4 PERSONEN

200 g Weizenbrot (vom Vortag) | 4 EL Öl |
1 Dose Artischockenherzen (240 g Abtropfgewicht) |
1 reife Avocado | 150 g Baby-Blattspinat |
1 Bund Frühlingszwiebeln | 200 g Kirschtomaten |
Salz | Pfeffer | 2 TL Senf

Zubereitungszeit: ca. 25 Min.

Pro Portion ca. 320 kcal, 8 g E, 19 g F, 31 g KH

1 Das Brot in Scheiben schneiden und toasten. Dann mit 1–2 EL Olivenöl einpinseln und in mundgerechte Stücke brechen.

2 Die Artischocken abgießen, den Sud auffangen. Die Artischocken in Viertel schneiden. Die Avocado halbieren, Kern und Schale entfernen. Das Fruchtfleisch in kleine Würfel schneiden, mit 100 ml Artischockensud vermischen.

3 Den Spinat waschen und trocken schleudern. Die Frühlingszwiebeln waschen, putzen und in feine Ringe schneiden. Die Tomaten waschen und halbieren.

4 Die Avocadowürfel mit dem übrigen Öl, Salz, Pfeffer und Senf verrühren. Brot, Artischocken, Spinat, Frühlingszwiebeln und Tomaten untermischen.

VARIANTE

Statt Avocado 2 hart gekochte Eier verwenden.

HUMMUSIGEL mit Gemüsesticks

FÜR 4 PERSONEN

2 Snackgurken | 150 g Snackmöhren |
4 Stangen Staudensellerie | 1 Kohlrabi |
1 Handvoll Datteltomaten | 1 Dose Kichererbsen
(Abtropfgewicht 240 g) | 3 EL Tahin | 4 EL Olivenöl |
2 EL Zitronensaft | Salz | Pfeffer | gemahlener
Kreuzkümmel | 120 g Dinkelstangen

Zubereitungszeit: ca. 20 Min.

Pro Portion ca. 385 kcal, 11 g E, 20 g F, 39 g KH

1 Das Gemüse waschen. Die Gurken längs in Sticks schneiden. Die Möhren putzen. Sellerie entfädeln und zu Sticks schneiden. Kohlrabi in fingerdicke Scheiben und dann ebenfalls in Sticks teilen. Die Tomaten auf Spieße stecken.

2 Die Kichererbsen abtropfen lassen, mit Tahin, Olivenöl, Zitronensaft und den Gewürzen im Blitzhacker pürieren. Kichererbsensud mit Wasser auf 100 ml auffüllen und unterziehen.

3 Den Hummus in eine flache, runde Form (ca. 25 cm ∅) füllen. Gemüse und Dinkelstangen wie Stacheln hineinstecken.

OFENGEMÜSE mit Backfisch

FÜR 4 PERSONEN

600 g kleine Kartoffeln | 1 Zwiebel | 1 rote Paprika | 1 Zucchino | 5 EL Olivenöl | Salz | Pfeffer | 3 TL Zitronensaft | 1 gehäufter TL Senf | 1 TL flüssiger Honig | 400 g Kabeljaufilet | 1 TL geräuchertes Paprikapulver (ersatzweise edelsüßes Paprikapulver)

Zubereitungszeit: ca. 30 Min.

Pro Portion ca. 290 kcal, 21 g E, 13 g F, 22 g KH

1 Den Backofen auf 225° vorheizen. Die Kartoffeln waschen und halbieren. Die Zwiebel schälen und in schmale Spalten schneiden. Die Paprika waschen, halbieren, weiße Trennwände und Kerne entfernen und würfeln. Den Zucchino waschen, putzen, längs halbieren und in schmale Scheiben schneiden.

2 Alle vorbereiteten Zutaten mit 2 EL Öl mischen, mit Salz und Pfeffer würzen und auf einem mit Backpapier belegten Backblech verteilen. Im heißen Ofen (Mitte) 20–25 Min. rösten.

3 Inzwischen für das Dressing den Zitronensaft mit Senf, Honig, Salz und Pfeffer verrühren. 2 EL Öl unterrühren, mit Salz und Pfeffer abschmecken.

4 Den Fisch trocken tupfen und in 4 Stücke schneiden. Das Paprikapulver mit 1 EL Öl verrühren, mit Salz und Pfeffer würzen. Den Fisch von beiden Seiten damit einpinseln. In einer beschichteten Pfanne von jeder Seite ca. 2 Min. braten.

5 Das Gemüse aus dem Ofen nehmen, mit dem Dressing mischen und zum Fisch servieren.

Bunter NUDELSALAT mit Mozzarella

FÜR 4 PERSONEN

250 g Spiralnudeln | Salz | 1 Glas geröstete rote Paprika (185 g Abtropfgewicht) | 1 Knoblauchzehe | 2 EL Aceto balsamico bianco | 4 EL Olivenöl | Pfeffer | 1 Dose Mais (240 g Abtropfgewicht) | 4 Frühlingszwiebeln | 200 g Kirschtomaten | 150 g Mini-Mozzarella

Zubereitungszeit: ca. 25 Min.

Pro Portion ca. 515 kcal, 18 g E, 20 g F, 65 g KH

1 Die Nudeln nach Packungsanweisung in reichlich Salzwasser bissfest kochen.

2 Paprika abgießen und abtropfen lassen. Knoblauch schälen. Paprika in groben Stücken mit Essig, Öl und Knoblauch fein pürieren. Mit Salz und Pfeffer würzen.

3 Den Mais abgießen und abtropfen lassen. Die Frühlingszwiebeln waschen, putzen und in schmale Ringe schneiden. Die Tomaten waschen und halbieren. Mozzarella abtropfen lassen.

4 Die Nudeln abgießen, abtropfen lassen und mit dem Dressing in einer Salatschüssel mischen. Mais, Frühlingszwiebeln und Tomaten untermischen. Mini-Mozzarella darauf verteilen und servieren.

GETREIDE SATT

für mehr Energie

BROKKOLI-BRATWURST-COUSCOUS

FÜR 4 PERSONEN

350 ml Salzwasser aufkochen. 700 g Brokkoliröschen darin 4 Min. blanchieren. Brokkolistiel samt Blättchen im Blitzhacker zerkleinern und mit 200 g Couscous im Brokkolisud aufkochen. Mit Salz, Pfeffer und 1 TL gemahlenem Kreuzkümmel würzen. 5 Min. zugedeckt ziehen lassen. Schale von ½ Bio-Zitrone abreiben, auspressen. Beides unter den Couscous rühren. Brokkoli darauflegen. 5 Min. quellen lassen. 200 g Bratwürstchen braten und dazuservieren.

Zubereitungszeit: ca. 20 Min.
Pro Portion ca. 425 kcal, 18 g E, 21 g F, 41 g KH

KASCHA MIT LACHSFILET

FÜR 4 PERSONEN

300 g Lachsfilet in 4 Stücke teilen, salzen und in 1 EL Rapsöl anbraten. Wenden und weitere 3 Min. braten. 1 Bio-Zitrone waschen. Schale abreiben, eine Hälfte auspressen. 200 g Buchweizen in 1 EL Rapsöl anrösten, mit 400 ml Gemüsebrühe aufkochen und 10 Min. quellen lassen. 500 g vorgegarte Rote Bete in Würfel schneiden, mit Zitronensaft zum Buchweizen geben. Mit 2 EL Schmand, Salz, Pfeffer und Zitronensaft würzen. Zum Lachs servieren.

Zubereitungszeit: ca. 20 Min.
Pro Portion ca. 480 kcal, 22 g E, 19 g F, 52 g KH

ITALO-DINKEL MIT SPIEGELEI

FÜR 4 PERSONEN

1 Zwiebel und 1 Knoblauchzehe schälen und hacken. 1 Zucchino waschen, putzen und würfeln. 1 EL Olivenöl erhitzen, Zwiebeln, Knoblauch und Zucchiniwürfel darin andünsten. 1 EL Tomatenmark und 1 TL getrockneten Oregano mitbraten. 200 g Schnellkoch-Dinkel, 200 g passierte Tomaten und 200 ml Wasser dazugeben, salzen und pfeffern, aufkochen und 12 Min. köcheln lassen. Umrühren. 4 Eier in 1 TL Öl zu Spiegeleiern braten, zum Dinkel servieren.

Zubereitungszeit: ca. 20 Min.
Pro Portion ca. 300 kcal, 17 g E, 11 g F, 34 g KH

BULGUR MIT FALAFEL

FÜR 4 PERSONEN

250 g Falafel (Kühlregal) zubereiten. 1 Zwiebel schälen, würfeln, in 1 EL Öl andünsten. 25 g gehackte Mandeln, ½ TL Zimtpulver und ½ TL gemahlener Kreuzkümmel mitbraten. 200 g Bulgur, 25 g getrocknete Cranberrys, 400 ml Wasser und Salz dazugeben, aufkochen und 10 Min. köcheln lassen. ½ Bund Petersilie und 3 Stängel Minze waschen, trocken schütteln und hacken. Bulgur salzen und pfeffern, Kräuter unterheben. Mit den Falafeln servieren.

Zubereitungszeit: ca. 20 Min.
Pro Portion ca. 420 kcal, 14 g E, 15 g F, 54 g KH

Abwechslung ist angesagt: Statt Nudeln füllen die gesunden Kohlenhydrate aus Couscous, Bulgur, Buchweizen und Dinkel die Energiereserven.

FISCHPUFFER
auf Tomatenreis

FÜR 4 PERSONEN

1 Dose gehackte Tomaten (400 g) | 200 g parboiled Langkornreis | Salz | 1 Dose Thunfisch im eigenen Saft (150 g Abtropfgewicht) | 150 g Magerquark | 1 Ei | 110 g Semmelbrösel | 1 Zwiebel | Pfeffer | 3 EL Öl | 1 Bio-Zitrone

Zubereitungszeit: ca. 30 Min.

Pro Portion ca. 465 kcal, 23 g E, 11 g F, 64 g KH

1 Die Tomaten zusammen mit dem Reis und Salz in einem Topf aufkochen. Bei kleiner Hitze ca. 20 Min. zugedeckt quellen lassen.

2 Den Thunfisch mitsamt Saft in einer Schüssel mit einer Gabel zerrupfen, Quark und Ei untermischen. Ca. 90 g Semmelbrösel dazugeben, sodass eine formbare Masse entsteht.

3 Die Zwiebel schälen, sehr fein würfeln und unter den Teig mischen. Mit Salz und Pfeffer würzen. Den Teig in ca. 14 Portionen teilen, mit nassen Händen zu Bällchen formen. Von allen Seiten in den übrigen Semmelbröseln wenden. Anschließend flach drücken.

4 In einer beschichteten Pfanne das Öl erhitzen und die Puffer von beiden Seiten knusprig braten. Die Zitrone heiß abwaschen, abtrocknen und in Spalten schneiden. Zu Reis und Puffern servieren.

HACKBÄLLCHEN
vom Blech mit Blitzsalat

FÜR 4 PERSONEN

2 Zwiebeln | 2 Knoblauchzehen | 200 g Sellerie | 1 Dose Kidneybohnen (Abtropfgewicht 240 g) | 2 Eier | 300 g Rinderhackfleisch | 250 g Magerquark | 30 g Tomatenmark | Salz | Pfeffer | 70 g Instant-Haferflocken | 1 Kopf Blattsalat | 2 EL ÖL | 1 EL Senf | 2 EL Essig | 3 EL Sahne

Zubereitungszeit: ca. 30 Min.

Pro Portion ca. 445 kcal, 33 g E, 23 g F, 26 g KH

1 Den Backofen auf 200° Umluft vorheizen. 2 Bleche mit Backpapier auslegen.

2 Die Zwiebeln, Knoblauch und Sellerie schälen und im Blitzhacker fein hacken. Die Bohnen abgießen und ebenfalls hacken. Alles mit den Eiern, dem Hackfleisch, dem Quark und dem Tomatenmark verkneten, salzen und pfeffern. So viele Haferflocken dazugeben, dass eine formbare Masse entsteht.

3 Tischtennisballgroße Bällchen aus dem Teig formen und auf den Backblechen verteilen. Die Fleischbällchen im heißen Ofen (Mitte) ca. 15–20 Min. garen.

4 Inzwischen den Salat waschen und trocken schleudern. Öl, Senf, Essig und Sahne in einer Schüssel vermengen, mit Salz und Pfeffer würzen. Salat unter das Dressing heben.

TIPP

Bleiben Fleischbällchen übrig, diese einfrieren und als Prep-Vorrat verwenden.

Grundrezept

KARTOFFELPÜREE

... geht im Schnellkochtopf so: 600–700 g mehligkochende Kartoffeln mit 100 ml Wasser und 1 TL Salz im Schnellkochtopf je nach Größe 5–8 Min. auf Stufe 2 garen und abdampfen. Kalt abschrecken, pellen und durch die Kartoffelpresse drücken. Oder express: 1 Beutel Instant-Kartoffelpüree (80 g) und ½ TL Salz mit 300 ml kochendem Wasser aufgießen.

Das Pinke

500 g vorgekochte Rote Bete pürieren und mit den Kartoffeln mischen. 150 g Schmand dazugeben, mit Pfeffer und Zitronenschale würzen.

Das Rote

400 g gehackte Tomaten (Dose), 2 EL Tomatenmark, 2 EL Pesto rosso und 2 EL Olivenöl untermischen und erhitzen. Mit Salz und Pfeffer abschmecken.

Der Klassiker

1 kg Kartoffeln nehmen. Mit ca. 250 ml heißer Milch und 1 EL Butter zerstampfen, mit 1 Prise Muskat und Salz abschmecken. Mit Petersilie toppen.

Das Gelbe

150 g Rote Linsen in 350 ml Gemüsebrühe 10 Min. garen, mit Currypulver und 100 g Frischkäse pürieren, mit den Kartoffeln stampfen. TK-Schnittlauch untermischen.

Das Grüne

450 g gehackten Blattspinat dazugeben, mit 2 EL Frischkäse, 2 EL zarten Haferflocken und 1 Prise Salz gründlich verrühren.

RIESENRÖSTI
mit Apfelmus

FÜR 4 PERSONEN

2 Eier | 100 g Mehl (Type 1050) | Salz | 150 g saure Sahne (10 % Fett) | 2 Zwiebeln | 4 EL Rapsöl | 800 g vorwiegend festkochende Kartoffeln | 700 g Apfelmark

Zubereitungszeit: ca. 30 Min.

Pro Portion ca. 450 kcal, 12 g E, 16 g F, 64 g KH

1 Die Eier in einer Schüssel verquirlen, nach und nach Mehl, Salz und saure Sahne dazugeben und alles zu einem glatten Teig rühren.

2 Die Zwiebeln schälen und fein hacken. 1 EL Öl in einer großen Pfanne erhitzen und die Zwiebeln darin glasig andünsten. Inzwischen die Kartoffeln waschen, schälen und grob raspeln (am besten mit der Küchenmaschine). Dann zu den Zwiebeln geben und ca. 8 Min. unter Rühren halbgar schmoren.

3 Mit dem Teig übergießen und zugedeckt ca. 3–4 Min. bei kleiner Hitze braten, bis der Rösti braun wird. Dabei den Deckel auflegen. Den Rösti behutsam wenden – am besten mithilfe einer Konditorpalette –, wieder in die Pfanne stürzen und weitere 3 Min. knusprig braun braten. Mit Apfelmark servieren.

VARIANTE

Noch milder werden die Rösti mit Raspelapfel anstelle von Zwiebeln. Pikanter schmecken sie mit Rosmarin oder Schinkenwürfeln und nach dem Wenden mit etwas Käse bestreut. Statt Apfelmark passt auch ein grüner Salat.

Süßkartoffel-STAMPOT mit Bratwürstchen

FÜR 4 PERSONEN

500 g Süßkartoffeln | 300 g mehligkochende Kartoffeln | 1 Packung Nürnberger Bratwürstchen (300 g; 14 Stück) | 1 Salatgurke | ½ Bund Dill | 1 kleine Zwiebel | 100 g saure Sahne | 3 EL milder Essig | Salz | Pfeffer | 125 ml Milch | Salz | frisch geriebene Muskatnuss | 2 EL fertige Röstzwiebeln | 2 EL gehackte Petersilie (frisch oder TK)

Zubereitungszeit: ca. 30 Min.

Pro Portion ca. 505 kcal, 17 g E, 29 g F, 42 g KH

1 Den Backofen auf 200° vorheizen. Beide Kartoffelsorten schälen, in Stücke schneiden. In einem Topf knapp mit Salzwasser bedecken, zugedeckt aufkochen und ca. 20 Min. garen.

2 Inzwischen die Würstchen auf dem mit Backpapier belegten Backofenrost verteilen. Im heißen Ofen (Mitte) 15–18 Min. braten, dabei nach der Hälfte der Garzeit einmal umdrehen.

3 Für den Salat die Gurke waschen und in dünne Scheiben hobeln oder schneiden. Den Dill waschen, trocken schütteln und fein hacken. Zwiebel schälen und fein würfeln. Die saure Sahne mit dem Essig glatt rühren, mit Salz und Pfeffer abschmecken. Die Gurken, die Zwiebeln und den Dill untermischen.

4 Die Kartoffeln abgießen und abtropfen lassen. Die Milch in einem Topf erhitzen, mit Salz und 1 Prise Muskat würzen. Die Kartoffeln dazugeben und mit einem Kartoffelstampfer zerstampfen. Mit Salz abschmecken und anrichten. Die Bratwürstchen daraufgeben, mit Röstzwiebeln und Petersilie bestreuen und mit dem Salat servieren.

Konfitüre

MORGENS

OVERNIGHT-OATS – Vorbereitung ist alles!

MANGO-OATS

FÜR 4 PERSONEN

1 Mango schälen, vom Stein schneiden und klein würfeln. 1 Banane schälen, in grobe Stücke schneiden und in einen hohen Rührbecher geben. Mit 500 g Magerquark, 150 ml Milch und 50 ml Kokosmilch fein pürieren. 150 g zarte Haferflocken und 4 TL Kokosflocken untermischen. Mit den Mangowürfeln in 4 Schraubgläser (mind. 350 ml Inhalt) schichten. Verschließen und über Nacht durchziehen lassen.

Zubereitungszeit: ca. 15 Min. | Quellzeit: 12 Std.
Pro Portion ca. 370 kcal, 24 g E, 11 g F, 42 g KH

ZITRONIGE BEEREN-OATS

FÜR 4 PERSONEN

150 g Haferflocken mit 375 ml Milch, 150 g Joghurt (3,5 % Fett) und 3 TL Honig verrühren. ½ Bio-Zitrone heiß abwaschen, Schale abreiben. 2 TL Saft auspressen. Beides unter den Haferflockenmix rühren. 2 EL Pistazienkerne ohne Fett anrösten und grob hacken. 300 g gemischte Beeren waschen und abtropfen lassen. Mit dem Haferflockenmix in 4 Schraubgläser (mind. 350 ml Inhalt) schichten, Pistazien aufstreuen. Verschließen und über Nacht kalt stellen.

Zubereitungszeit: ca. 10 Min | Quellzeit: 12 Std.
Pro Portion ca. 285 kcal, 11 g E, 9 g F, 38 g KH

ERDNUSS-SCHOKO-OATS

FÜR 4 PERSONEN

120 g Haferflocken mit 5 g geschrotete Leinsamen, 400 ml Haferdrink, 50 g Erdnussmus, 2 TL Ahornsirup und 1 TL Vanilleextrakt gut miteinander verrühren. 25 g Zartbitter-Schokolade und 2 TL Erdnüsse getrennt in kleine Stücke hacken. Die Erdnüsse in einer Pfanne ohne Fett anrösten. Schokolade, Nüsse und Haferflockenmix in 4 Schraubgläser (mind. 350 ml Inhalt) schichten, mit 2 TL Kakao-Nibs bestreuen. Verschließen und über Nacht kalt stellen.

Zubereitungszeit: ca. 15 Min. | Quellzeit: 12 Std.
Pro Portion ca. 335 kcal, 11 g E, 17 g F, 32 g KH

RÜBLI-OATS

FÜR 4 PERSONEN

300 g Möhren waschen, schälen und im Blitzhacker zerkleinern. 4 EL Mandeln ohne Fett anrösten, klein hacken. 150 g Haferflocken mit 450 ml Milch, je ¼ TL Zimt- und Ingwerpulver und den Mandeln verrühren. Möhrenraspel unterheben. Die Overnight-Oats in 4 Schraubgläser (mind. 350 ml Inhalt) füllen. 4 EL Mandelmus mit 2 TL Zitronensaft und 2 TL Honig glatt rühren, darauf verteilen. Die Gläser verschließen und über Nacht kalt stellen.

Zubereitungszeit: ca. 15 Min. | Quellzeit: 12 Std.
Pro Portion ca. 375 kcal, 14 g E, 19 g F, 34 g KH

Die Flocken werden schon am Abend eingeweicht - morgens reicht dann ein Griff in den Kühlschrank und das Frühstück kann beginnen.

FRENCH TOAST
mit Fruchtsorbet

FÜR 4 PERSONEN

200 g Brötchen vom Vortag (ersatzweise Hefezopf oder Toast) | 1 reife Banane | 200 ml Milch | 2 Eier | 200 g TK-Beeren | 3 Soft-Datteln | 2 EL Butter | 2 EL Rapsöl

Zubereitungszeit: ca. 25 Min.
Pro Portion ca. 370 kcal, 10 g E, 18 g F, 41 g KH

1 Die Brötchen in fingerdicke Streifen schneiden. Die Banane mit der Milch und den Eiern mit dem Pürierstab glatt pürieren. Brotscheiben damit beträufeln.

2 Die Beeren aus dem Tiefkühlfach nehmen. Die Datteln klein hacken.

3 Nach und nach Öl und Butter in einer großen beschichteten Pfanne erhitzen und die getränkten Brotscheiben darin nacheinander von beiden Seiten goldgelb braten.

4 Die angetauten Beeren samt Datteln mit dem Pürierstab oder im Mixer cremig pürieren. Sofort mit den Toasts servieren.

EXPRESS-TIPP

Statt Sorbet schmeckt auch fertiges Apfelmus oder Obstkompott. Klappt auch mit Kokosmilch oder Vanille-Sojamilch statt Bananenmilch. Ohne Banane mit Ahornsirup oder flüssigem Honig beträufeln.

Fluffige APFELWAFFELN

FÜR 4 PERSONEN (6 WAFFELN)

100 g weiche Butter | 2 Eier | 700 g Apfelmus | 200 g Vollkorn-Dinkelmehl | ½ Packung Backpulver | 1 TL Zimtpulver | 50 g gemahlene Haselnüsse | Öl für das Waffeleisen | Puderzucker zum Bestäuben

Zubereitungszeit: ca. 20 Min.
Pro Waffel ca. 450 kcal, 9 g E, 26 g F, 46 g KH

1 Backofen auf 100° vorheizen. Die Butter mit den Eiern cremig rühren, nach und nach 300 g Apfelmus dazugeben.

2 Das Mehl mit Backpulver, Zimt und den Nüssen mischen und unter den Teig rühren.

3 Das Waffeleisen erhitzen, mit ein wenig Öl einpinseln. Portionsweise 2–3 EL Teig auf die Mitte des Waffeleisens setzen. Den Deckel schließen und in je 2–3 Min. nacheinander 6 goldgelbe Waffeln backen. Fertige Waffeln mit Puderzucker bestäuben und im Backofen warm halten. Waffeln mit einem Klecks Apfelmus servieren.

TIPP

Wer helle Waffeln lieber mag, nimmt statt Vollkornmehl Weizenmehl Type 1050.

APFEL-PORRIDGE

FÜR 4 PERSONEN

1 großer Apfel | 160 g Haferflocken | 25 g geschroteter Leinsamen | 1 TL Zimtpulver | 1 Prise Salz | 600 ml Milch | 25 g Walnusskerne | 4 TL Ahornsirup

Zubereitungszeit: ca. 15 Min.

Pro Portion ca. 335 kcal, 13 g E, 14 g F, 37 g KH

1 Den Apfel waschen, vierteln und das Kerngehäuse entfernen. Ein Viertel in Spalten schneiden und beiseitelegen. Restlichen Apfel im Blitzhacker zerkleinern.

2 Die Haferflocken mit Leinsamen, Zimtpulver, Salz, Milch und 250 ml Wasser in einen Topf geben, aufkochen und unter Rühren ca. 5 Min. köcheln lassen, bis der Porridge andickt. Am Ende den zerkleinerten Apfel unterheben. Porridge auf 4 Schälchen verteilen.

3 Die Walnusskerne in einer Pfanne ohne Fett rösten, bis sie duften. Herausnehmen, mit einem Messer grob hacken und auf dem Porridge verteilen. Mit je 1 TL Ahornsirup beträufeln und mit den Apfelspalten garnieren. Noch warm servieren.

TIPP

Der Porridge lässt sich auch in doppelter Menge auf Vorrat kochen. Zugedeckt kalt stellen und am nächsten Morgen vor dem Frühstück nach Belieben in der Mikrowelle kurz erwärmen.

Orientalischer HIRSEBREI

FÜR 4 PERSONEN

120 g Trockenfrüchte (z. B. Soft-Aprikosen, -Feigen, -Datteln) | 200 g Hirseflocken | 750 ml Milch oder Mandeldrink | 4 TL gehackte Pistazienkerne | 4 EL Vanille-Quark | 2 TL flüssiger Honig

Zubereitungszeit: ca. 15 Min.

Pro Portion ca. 440 kcal, 14 g E, 13 g F, 65 g KH

1 Die Trockenfrüchte in kleine Stücke oder Würfel schneiden. Die Flocken mit der Milch und den vorbereiteten Früchten in einen Topf geben und aufkochen. Unter Rühren 2–3 Min. köcheln lassen. Den Brei vom Herd nehmen und in 4 Schalen füllen.

2 Die Pistazien in einer kleinen Pfanne ohne Fett anrösten, bis sie duften. Herausnehmen. Den Quark auf den Brei klecksen, mit den Pistazien bestreuen und mit je ½ TL Honig beträufeln. Warm servieren.

POWER-DRINKS

Voller Energie in den Tag!

MÖHREN-SMOOTHIE

FÜR 4 PERSONEN

3 Orangen so schälen, dass auch die weiße Haut vollständig entfernt wird. 300 g Möhren putzen, schälen und in grobe Stücke schneiden. 1 kleine Mango schälen, Fruchtfleisch vom Stein schneiden. Alle vorbereiteten Zutaten mit 1 EL Zitronensaft und 250 ml Wasser in einen Standmixer oder in einen hohen Rührbecher füllen und fein pürieren. Fertigen Smoothie in 4 Gläser oder kleine Fläschchen füllen.

Zubereitungszeit: ca. 15 Min.
Pro Portion ca. 90 kcal, 2 g E, 1 g F, 19 g KH

GRÜNER POWER-SHAKE

FÜR 4 PERSONEN

½ Salatgurke waschen, putzen und in grobe Stücke schneiden. 50 g Baby-Blattspinat waschen, abtropfen lassen. ½ grünen Apfel waschen, vierteln und entkernen. Alle vorbereiteten Zutaten mit 500 ml Buttermilch, 100 ml Kokosmilch, 3 EL Zitronensaft, 2 EL Honig und 2 EL Dinkelflocken in einen Standmixer oder hohen Rührbecher geben und fein pürieren. Shake in 4 Gläser oder kleine Fläschchen füllen.

Zubereitungszeit: ca. 15 Min.
Pro Portion ca. 165 kcal, 6 g E , 6 g F, 19 g KH

BANANEN-HEIDELBEER-SMOOTHIE

FÜR 4 PERSONEN

250 g TK-Heidelbeeren in einen hohen Rührbecher oder Standmixer geben und ca. 5 Min. antauen lassen. 2 reife Bananen schälen und grob zerteilen. 3 Soft-Datteln würfeln. Beides mit 4 TL Tahin (Sesampaste) und 4 TL Weizenkeimen zu den Heidelbeeren geben. 450 ml Wasser dazugeben und alles zu einem Smoothie pürieren. Eventuell noch etwas Wasser untermixen. Den Smoothie in 4 Gläser füllen. Nach Belieben ein paar Heidelbeeren auf Holzspießchen stecken und die Smoothies damit dekorieren.

Zubereitungszeit: ca. 10 Min.
Pro Portion ca. 175 kcal, 4 g E, 3 g F, 33 g KH

HIMBEER-TRINKMÜSLI

FÜR 4 PERSONEN

250 g TK-Himbeeren in einen hohen Rührbecher oder Standmixer geben und ca. 5 Min. antauen lassen. 250 ml Milch, 250 g Joghurt (3,5 % Fett), 2 TL Honig, 40 g zarte Haferflocken und 10 g geschrotete Leinsamen dazugeben und alles fein pürieren. Auf 4 Gläser verteilen und mit je 1 Himbeere dekorieren. Nach Belieben mit Strohhalm servieren. Zum Mitnehmen in 4 kleine Flaschen mit Schraubverschluss füllen.

Zubereitungszeit: ca. 10 Min.
Pro Portion ca. 150 kcal, 7 g E, 6 g F, 17 g KH

Der Standmixer zerkleinert Obst und Gemüse schonend und blitzschnell. Der Extra-Portion Vitamine am Morgen steht damit nichts mehr im Weg.

BUNTES RÜHREI aus der Tasse

FÜR 4 PERSONEN

4 Eier | 4 EL Kochsahne (15 % Fett) | Salz | Pfeffer | 70 g Lieblingsgemüse (z. B. Tomaten, TK-Erbsen, Frühlingszwiebeln, Möhren, Paprika oder Champignons)

Zubereitungszeit: ca. 10 Min.

Pro Portion ca. 105 kcal, 7 g E, 8 g F, 1 g KH

1 4 Tassen bereitstellen. Jeweils 1 Ei in eine Tasse aufschlagen. In jede Tasse 1 EL Kochsahne geben, salzen, pfeffern und das Ei mit einer Gabel verquirlen.

2 Das Gemüse waschen und nach Bedarf putzen oder schälen. Außer Erbsen alles fein hacken, gleichmäßig auf die Tassen verteilen und untermischen.

3 Die Tassen in die Mikrowelle stellen und für ca. 45 Sek. bei 1000 Watt garen. Dann herausnehmen, umrühren und für weitere 45 Sek. garen.

Rührei-WRAP

FÜR 4 STÜCK

100 g Mini-Römersalat | 1 reife Avocado | 3 Tomaten | 1 TL Limettensaft | Salz | Pfeffer | ½ Bund Schnittlauch | 4 Tortillas (Weizenfladen; 20 cm Ø) | 4 Eier | 4 EL Milch | frisch geriebene Muskatnuss | 1 EL Rapsöl

Zubereitungszeit: ca. 20 Min.

Pro Portion ca. 355 kcal, 13 g E, 19 g F, 31 g KH

1 Den Salat waschen, putzen, trocken schütteln und die Blätter quer in Streifen schneiden. Die Avocado halbieren, entkernen, das Fruchtfleisch aus der Schale lösen und würfeln. Die Tomaten waschen, trocken reiben, vierteln, entkernen und das Fruchtfleisch fein würfeln. Avocado, Tomaten und Limettensaft mischen, mit Salz und Pfeffer abschmecken. Den Schnittlauch waschen, trocken schütteln und in schmale Röllchen schneiden.

2 Die Tortillas in einer beschichteten Pfanne von jeder Seite ca. 1 Minute erhitzen, herausnehmen. Die Eier mit der Milch verquirlen, mit Salz, Pfeffer und 1 Prise Muskat verquirlen. Das Öl in der Pfanne erhitzen, Eiermasse hineingeben und zum Rührei braten, am Ende mit Schnittlauch bestreuen.

3 Die Tortillas nacheinander mit Salat, Rührei und Avocado-Tomaten-Mischung belegen, dabei rundherum etwas Rand frei lassen. Die Seiten zur Mitte klappen und die Tortillas von einer Seite aus fest aufrollen.

Müsli-SCONES

FÜR 12 STÜCK

150 g Vollkorn-Dinkelmehl | 125 g Dinkelmehl | 2 TL Backpulver | ½ TL Natron | Salz | 50 g brauner Zucker | 100 g kalte Butter | 150 g kalte Buttermilch | 1 Ei | 75 g ungesüßtes Früchtemüsli | Mehl zum Arbeiten

Zubereitungszeit: ca. 15 Min. | Backzeit: 15 Min.
Pro Stück ca. 190 kcal, 4 g E, 8 g F, 23 g KH

1 Den Backofen auf 200° vorheizen. Das Backblech mit Backpapier belegen.

2 Beide Mehlsorten mit Backpulver, Natron, 1 Prise Salz und Zucker in einer Rührschüssel mischen. Die Butter in Stückchen dazugeben, mit den Fingerspitzen in das Mehl einarbeiten, sodass keine größeren Stücke mehr zu sehen sind. Die Buttermilch und das Ei dazugeben und alles mit einer Gabel kurz zusammenkneten, sodass gerade eben ein feuchter Teig entsteht. Das Müsli dazugeben, kurz mit der Gabel unterkneten.

3 Den Teig mithilfe von 2 Löffeln in ca. 12 Stücke teilen und auf das Blech setzen. Nach Belieben mit den Löffeln noch etwas runder formen. Im heißen Ofen (Mitte) ca. 15 Min. backen. Auf einem Kuchengitter abkühlen lassen.

TIPP

Die Scones bleiben luftdicht verpackt bei Zimmertemperatur ca. 3 Tage frisch. Nach Belieben vor dem Essen auf dem Toaster kurz aufbacken. Sie lassen sich auch prima einfrieren, dann halten sie sich mindestens 3 Monate.

BANANA-BREAD-Muffins

FÜR 12 STÜCK

75 ml Rapsöl | 75 ml Ahornsirup | 2 Eier | 60 ml Buttermilch | 3 reife Bananen | 200 g Vollkorn-Dinkelmehl | 25 g Haferflocken + ca. 1 EL zum Bestreuen | 1 TL Backpulver | ½ TL Vanilleextrakt | 1 TL Zimtpulver | 1 Prise Salz | 100 g TK-Heidelbeeren | 50 g gehackte Walnusskerne

Zubereitungszeit: ca. 10 Min. | Backzeit: 25 Min.
Pro Stück ca. 215 kcal, 5 g E, 11 g F, 24 g KH

1 Den Backofen auf 175° vorheizen. Eine 12er-Muffinform mit Papierförmchen auslegen. Das Öl mit Ahornsirup, Eiern und Buttermilch in eine Rührschüssel geben und verquirlen. Die Bananen schälen, mit einer Gabel zerdrücken und unter die Eiermischung rühren.

2 Das Mehl mit allen trockenen Zutaten mischen, zur Eier-Bananen-Mischung geben und mit einem Holzlöffel kurz unterrühren, sodass die Zutaten gerade eben verbunden sind. Die TK-Heidelbeeren und die Nüsse dazugeben und unterheben.

3 Den Teig auf die Muffinmulden verteilen. Mit 1 EL Haferflocken bestreuen. Im heißen Ofen (Mitte) 22–25 Min. backen. Ca. 5 Min. in der Form abkühlen lassen. Aus der Form lösen und auf einem Kuchengitter abkühlen lassen.

Mitnehm-SANDWICH

FÜR 4 STÜCK

2 Möhren (200 g) | 100 g Hummus (Fertigprodukt) | 1 Spritzer Zitronensaft | Salz | Pfeffer | 50 g Rucola | 2 Tomaten | 8 Scheiben Vollkornbrot

Zubereitungszeit: ca. 15 Min.

Pro Portion ca. 305 kcal, 10 g E, 9 g F, 46 g KH

1 Die Möhren waschen, schälen, in grobe Stücke schneiden und im Blitzhacker fein raspeln. Unter den Hummus rühren, mit Zitronensaft und eventuell noch Salz und Pfeffer abschmecken.

2 Den Rucola waschen und trocken schleudern. Die Tomaten waschen, trocken tupfen und in dünne Scheiben schneiden, dabei Stielansätze entfernen.

3 Die Brote nach Belieben toasten. 4 Scheiben mit Hummus bestreichen und mit Rucola und Tomatenscheiben belegen. Mit je einer Brotscheibe belegen. Sandwiches jeweils diagonal halbieren und in Lunchboxen packen.

VARIANTEN

Statt Hummus kann man auch Frischkäse oder Kräuterquark verwenden.

FLATBREAD-Sandwich

FÜR 4 PERSONEN (6 SANDWICHES)

100 g Putenbrust | Sojasauce | 1 EL Öl |
50 g Sonnenblumenkerne | 1 EL Ajvar |
100 g Doppelrahm-Frischkäse | 1 kleine Dose Mais
(140 g Abtropfgewicht) | 1 kleine rote Paprika |
80 g geriebener Pecorino | Salz | Pfeffer |
6 Flatbread-Sandwiches | einige Salatblätter

Zubereitungszeit: ca. 30 Min.
Pro Portion ca. 710 kcal, 29 g E, 30 g F, 78 g KH

1 Die Putenbrust in kleine Würfel schneiden und mit Sojasauce beträufeln. Das Öl in einer beschichteten Pfanne erhitzen und das Fleisch darin mit den Sonnenblumenkernen anbraten, bis alle Flüssigkeit verdampft ist.

2 Den Putenmix mit Ajvar und Frischkäse in einer Schüssel mischen. Den Mais abtropfen lassen. Die Paprika waschen, halbieren, weiße Trennwände und Kerne entfernen und fein hacken. Mit Mais und Pecorino in die Putenmasse rühren. Salzen und pfeffern.

3 Diese Mischung in die Sandwichtaschen füllen. Zusammendrücken und im Toaster kurz rösten. Dann einige Salatblätter hineinstecken und einzeln in Frischhaltefolie verpacken.

INFO

Flatbread ist bereits zusammengeklapptes dünnes Fladenbrot – fertig zum Füllen. Es funktioniert natürlich auch mit ganz normalen Wraps oder mit Pitabrot.

Frühstücks-
BRÖTCHEN

CA. 10 BRÖTCHEN

100 g Magerquark
4 EL Rapsöl
1 Ei
1 kleiner Apfel
200 g Mehl (Type 1050)
½ Päckchen Backpulver
½ TL Salz
3 EL Sesam
3 EL zarte Haferflocken

Zubereitungszeit: ca. 15 Min.
Backzeit: 15 Min.
Pro Stück ca. 145 kcal,
5 g E, 6 g F, 16 g KH

1 Den Backofen auf 200° vorheizen. Das Backblech mit Backpapier auslegen.

2 Den Quark mit Öl und Ei verrühren. Den Apfel waschen, Stiel und Kerngehäuse entfernen. Den Apfel mitsamt Schale grob zerteilen und im Blitzhacker fein zerkleinern.

3 Das Mehl mit Backpulver, Salz und 2 EL Sesam mischen, mit der Quarkmasse und den Apfelraspeln verkneten. So viele Haferflocken dazugeben, dass sich der Teig gut formen lässt.

4 Den Teig in 10 Portionen teilen, zu Brötchen formen. Restlichen Sesam auf einem kleinen Teller verteilen. Die Brötchen mit der Oberseite hineintupfen und aufs Backblech setzen. Im heißen Ofen (Mitte) in ca. 12–15 Min. goldgelb backen. Die Brötchen schmecken frisch am besten.

VARIANTEN

Süß wird der Teig mit 2 EL Honig und Schokostückchen oder mit Rosinen und gehackten Datteln.

Mini-TORTILLA

FÜR 12 STÜCK

200 g festkochende Kartoffeln | 200 g Möhren | 1 EL Olivenöl | 1/4 Bund Schnittlauch | 7 Eier | Salz | Pfeffer | 4 EL geriebener Gratinkäse | Öl für die Form

Zubereitungszeit: ca. 15 Min. | Backzeit: ca. 12 Min.
Pro Stück ca. 80 kcal, 5 g E, 5 g F, 3 g KH

1 Den Backofen auf 190° vorheizen. Die Kartoffeln schälen und waschen. Die Möhren waschen und schälen. Beides in groben Stücken in einen Blitzhacker geben und zerkleinern. Das Öl in einer beschichteten Pfanne erhitzen und die Kartoffel- und Möhrenraspel darin ca. 5 Min. unter Rühren andünsten.

2 Inzwischen den Schnittlauch waschen, trocken schütteln und in Röllchen schneiden. Die Eier mit Salz und Pfeffer verquirlen, Schnittlauch unterrühren. Die 12 Mulden einer beschichteten Muffinform mit Öl gut einfetten. Die Kartoffel-Möhren-Raspel darauf verteilen. Die Eiermasse darübergießen. Im Ofen (Mitte) ca. 12 Min. backen.

3 Den Käse auf den Mini-Tortillas verteilen und unter dem heißen Backofengrill 1–2 Min. gratinieren. Die Tortillas auskühlen lassen, vorsichtig aus der Form lösen und in gut schließende Behälter packen. Kalt stellen.

NUDELSALAT im Glas

FÜR 4 PERSONEN

200 g Vollkorn-Penne | 300 g TK-Bohnen (in Stücken) | Salz | 3 EL Zitronensaft | 4 EL Olivenöl | Pfeffer | 1/2 Bund Basilikum | 200 g Kirschtomaten | 150 g Mini-Mozzarella

Zubereitungszeit: ca. 20 Min. | Abkühlzeit: ca. 10 Min.
Pro Portion ca. 425 kcal, 20 g E, 20 g F, 42 g KH

1 Die Nudeln zusammen mit den Bohnen nach Packungsanweisung in Salzwasser garen.

2 Für das Dressing Zitronensaft mit dem Öl glatt rühren. Mit Salz und Pfeffer abschmecken. Basilikum waschen, trocken schütteln, die Blätter abzupfen und in feine Streifen schneiden. Unter das Dressing rühren. Die Tomaten waschen, trocken tupfen und halbieren. Den Mozzarella abgießen und abtropfen lassen.

3 Die Nudeln und die Bohnen abgießen, gut abtropfen lassen und sofort mit dem Dressing mischen. Abkühlen lassen. Nacheinander Nudeln und Bohnen, Tomaten und Mini-Mozzarella in 4 Schraubgläser (mind. 400 ml Inhalt) schichten. Die Gläser verschließen und kalt stellen.

Lachs-Gemüse-WRAP

FÜR 4 STÜCK

1 Salatgurke (ca. 350 g) | 125 g Doppelrahm-Frischkäse | Salz | Pfeffer | 75 g Baby-Salat oder -Blattspinat | 4 Vollkorn-Tortillas (Weizenfladen) | 4 Scheiben Räucherlachs

Zubereitungszeit: ca. 15 Min.

Pro Stück ca. 270 kcal, 9 g E, 17 g F, 26 g KH

1 Die Gurke waschen, putzen, halbieren und die Kerne mit einem Teelöffel herausschaben. Das Fruchtfleisch in groben Stücken in den Blitzhacker geben und zerkleinern. Die Raspel unter den Frischkäse rühren und mit Salz und Pfeffer abschmecken.

2 Den Salat waschen, abtropfen lassen und gut trocken schütteln. Die Tortillas in einer Pfanne von beiden Seiten je ca. 30 Sekunden erwärmen. Mit je einem Viertel des Gurken-Frischkäses bestreichen. Mit je 1 Scheibe Lachs belegen. Salat darauf verteilen. Seiten der Wraps zur Mitte einschlagen, Wraps fest aufrollen, jeweils halbieren und in Frischhaltefolie wickeln.

TIPP

Die Wraps könnt ihr schon am Vorabend machen und in der Lunchbox im Kühlschrank aufbewahren.

LUNCHSPIESSE mit Dip

FÜR 8 STÜCK

2 EL Mandelmus | 5 EL Joghurt (3,5 % Fett) | 1 TL Zitronensaft | Salz | Pfeffer | 4 Scheiben Vollkorn-Kastenbrot | 2 EL Tomatenmark | 1 kleiner Kopf Eisbergsalat | 200 g Kirschtomaten | 1/4 Salatgurke

Zubereitungszeit: ca. 15 Min.

Pro Stück ca. 100 kcal, 3 g E, 4 g F, 13 g KH

1 Für den Dip das Mandelmus mit Joghurt und Zitronensaft glatt rühren, mit Salz und Pfeffer abschmecken.

2 Für die Spieße 2 Scheiben Brot mit je 1 EL Tomatenmark bestreichen, mit je 1 Scheibe Brot belegen und die Sandwiches in ca. 2 cm große Würfel schneiden. Den Salat zerteilen, in große Stücke reißen, waschen und gut trocken schütteln. Die Tomaten waschen und trocken reiben. Die Gurke waschen, putzen, trocken reiben, längs vierteln und in ca. 2 cm große Stücke schneiden.

3 Die Brotwürfel im Wechsel mit Salat, Tomaten und Gurke auf 8 Holzspieße stecken. Die Salatblätter dabei zusammenfalten, sodass sie ähnlich groß wie die anderen Stücke sind. Die Spieße in Lunchboxen packen. Den Dip extra in einem gut schließenden Behälter verpacken.

Prep-KÜCHE

CRUNCH MÜSLI

Für 16 Portionen

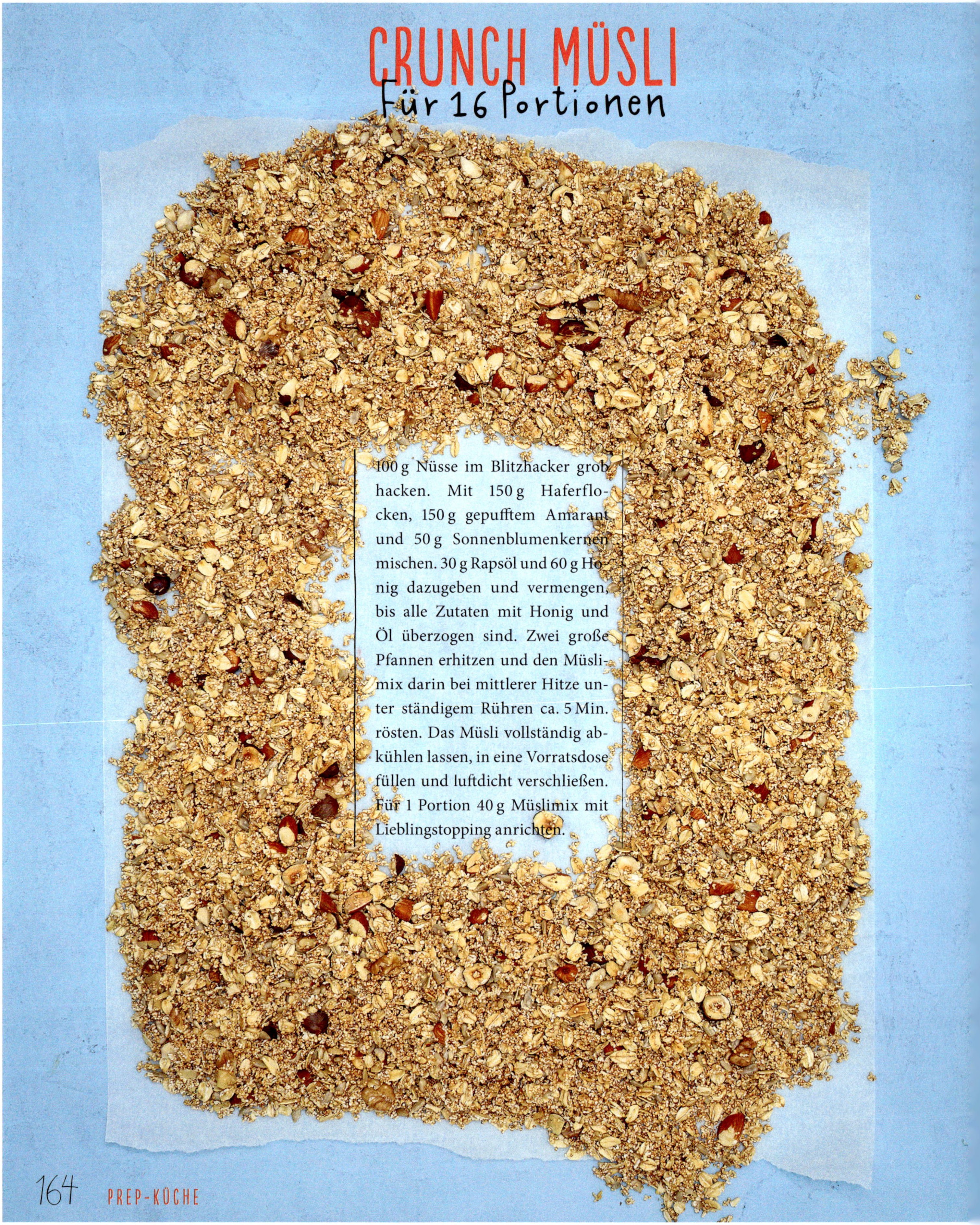

100 g Nüsse im Blitzhacker grob hacken. Mit 150 g Haferflocken, 150 g gepufftem Amarant und 50 g Sonnenblumenkernen mischen. 30 g Rapsöl und 60 g Honig dazugeben und vermengen, bis alle Zutaten mit Honig und Öl überzogen sind. Zwei große Pfannen erhitzen und den Müslimix darin bei mittlerer Hitze unter ständigem Rühren ca. 5 Min. rösten. Das Müsli vollständig abkühlen lassen, in eine Vorratsdose füllen und luftdicht verschließen. Für 1 Portion 40 g Müslimix mit Lieblingstopping anrichten.

Exotic-Mix

70 g Mango mit 150 ml Kokosmilch light pürieren und zu 1 Portion Müsli geben. Mit 1 TL Kokosraspeln bestreuen.

Griechischer Muntermacher

2 Datteln klein hacken, mit ½ TL Zimtpulver, 1 Portion Müsli und 150 g griechischem Joghurt (10 % Fett) mischen. Mit etwas Honig beträufeln.

Beerenliebe

150 g Joghurt (3,5 % Fett) mit 1 TL Rosinen und 50 g Beerenmix pürieren. Mit 1 Portion Müsli vermengen und mit Beeren toppen.

Muskelpaket

150 g Skyr mit 1 Schuss Traubensaft cremig rühren und mit 1 Handvoll Trauben und ein paar Mandeln unters Müsli ziehen.

Schokomüsli

½ Banane schälen und in Scheiben schneiden, mit 1 TL Kakao-Nibs, 1 Portion Müsli und 200 ml Schokomilch mischen.

FRISCH AUFS BROT –
Viermal süß für Naschkatzen

MANGO-KOKOS-CREME

FÜR 4 PORTIONEN

1 Mango schälen, das Fruchtfleisch auf beiden Seiten vom Stein schneiden. 2 Datteln ohne Stein oder 50 g Rosinen grob hacken. Mango, Trockenfrüchte und 80 g Kokosflocken mit einem Pürierstab fein pürieren. Nach Geschmack mit etwas Zimtpulver würzen. Bleibt gut gekühlt 3–4 Tage frisch.

Zubereitungszeit: ca. 10 Min.
Pro Portion ca. 165 kcal, 2 g E, 13 g F, 10 g KH

SCHOKO-CRUNCH

FÜR 4 PORTIONEN

40 g Schokolade grob hacken und in 150 ml Kondensmilch bei kleiner Hitze schmelzen lassen. 1 TL Kakaopulver, 40 g Couscous und 40 g Rosinen dazugeben. Topf vom Herd nehmen und 5 Min. abkühlen lassen. Die Mischung mit 40 g gemahlenen Haselnüssen im Blitzhacker fein mixen. 1 Scheibe Vollkornbrot damit bestreichen. Wenn der Aufstrich auf Vorrat zubereitet wird, 200 ml Kondensmilch verwenden – er dickt stark nach, wenn er länger steht.

Zubereitungszeit: ca. 10 Min.
Pro Portion ca. 250 kcal, 7 g E, 13 g F, 26 g KH

BEERENSTREICH

FÜR 4 PORTIONEN

200 g gemischte Beeren mit 50 g getrockneten Apfelringen und 1 EL Honig in den Behälter des Blitzhackers füllen und sehr fein mixen. 1 Scheibe Vollkornbrot mit 1 EL Ricotta oder Sahnequark bestreichen, Beerenstreich daraufgeben. Nach Belieben mit frischen Beeren der Saison belegen.

Zubereitungszeit: ca. 10 Min.
Pro Portion ca. 80 kcal, 1 g E, 0 g F, 18 g KH

WINTER-MANDEL-HONIG

FÜR 1 KLEINES GLAS (À 200 ML)

100 g Mandelmus mit 50 g flüssigem Honig und 2 Msp. Zimtpulver oder Lebkuchengewürz in eine kleine Schüssel geben und gründlich verrühren, bis sich alles gut vermischt hat. Nach Belieben 25 g geröstete Mandelkerne mit Haut klein hacken und unter den Mandel-Honig mischen. In ein sauberes Schraubglas füllen. Der Aufstrich hält sich im Kühlschrank bis zu 3 Monate. Prima auf Brot, aber auch zu Pfannkuchen oder Porridge.

Zubereitungszeit: ca. 10 Min.
Pro Portion ca. 245 kcal, 5 g E, 18 g F, 17 g KH

Warum zur Abwechslung nicht ein ganz klassisches Frühstück ohne viel Klimbim? Eine Scheibe Brot und dazu ein selbst gemachter Aufstrich – himmlisch!

KNÄCKETALER

FÜR CA. 25 TALER

1 kleine Dose Kichererbsen (Abtropfgewicht 130 g) | 50 g zarte Haferflocken | 50 g Buchweizen | 30 g Sesam | 30 g Leinsamen | 1 TL gemahlener Kreuzkümmel | 1 TL gemahlene Kurkuma | Salz | Pfeffer

Zubereitungszeit: ca. 15 Min. | Backzeit: ca. 15 Min.
Pro Portion ca. 35 kcal, 1 g E, 1 g F, 4 g KH

1 Den Backofen auf 220° vorheizen. Die Kichererbsen in ein Sieb abgießen, den Sud auffangen, Kichererbsen abtropfen lassen. Mit Haferflocken und 100 ml Sud im Blitzhacker pürieren. Buchweizen, Sesam und Leinsamen untermischen. Mit Kreuzkümmel, Kurkuma, Salz und Pfeffer kräftig würzen.

2 1 Blech mit Backpapier auslegen. Die Masse zu einer Rolle mit ca. 4 cm ∅ formen und in 25 Scheiben schneiden. Auf das Backblech legen und mit den Händen oder mit dem Kartoffelstampfer platt drücken.

3 Im Ofen (Mitte) 15 Min. backen. Heiß mit selbst gemachtem Aufstrich servieren. Oder auf einem Kuchengitter abkühlen lassen und in einer Box wie Knäckebrot lagern. Bleibt mindestens 2 Wochen frisch.

Erdnuss-GRANOLA-Riegel

FÜR CA. 16 RIEGEL

150 g zarte Haferflocken | 75 g Mandelblättchen | 30 g Sonnenblumenkerne | 25 g Kokosraspel | 125 g ungesüßtes Erdnussmus | 30 ml Rapsöl | 50 ml Ahornsirup | 250 g Soft-Datteln (ohne Stein) | ½ TL Zimtpulver | 1 Prise Salz

Zubereitungszeit: ca. 20 Min. | Kühlzeit: ca. 30 Min.
Pro Riegel ca. 200 kcal, 6 g E, 11 g F, 19 g KH

1 Haferflocken, Mandelblättchen, Sonnenblumenkerne und Kokosraspel in einer großen Pfanne mischen und bei mittlerer Hitze unter Wenden ca. 5 Min. rösten, bis alles leicht bräunt und duftet. In eine Rührschüssel umfüllen.

2 Eine flache Auflaufform (ca. 25 × 15 cm) mit Backpapier auslegen. Das Erdnussmus mit Öl und Ahornsirup in einen kleinen Topf füllen und unter Rühren erwärmen, bis sich alles verbunden hat. Vom Herd nehmen. Die Datteln klein hacken. Den Erdnuss-Mix, die Datteln, das Zimtpulver und das Salz zum Flocken-Mix geben. Alles mit den Händen gründlich vermischen. Die Datteln dabei so gut wie möglich zerdrücken. Die Masse in die vorbereitete Form füllen, mit den Händen festdrücken. Ca. 30 Min. einfrieren.

3 Die Granola-Platte aus der Form heben und in ca. 16 Riegel (à ca. 3 × 7 cm) schneiden. In einer Vorratsdose kühl aufbewahren. So halten sich die Riegel mindestens 2 Wochen.

PIKANTE AUFSTRICHE – *für Brotzeit und Lunchbox*

SPARGEL-FRISCHKÄSE-CREME

FÜR 4 PORTIONEN

200 g grünen Spargel waschen, die Stangen im unteren Drittel schälen und die Enden abschneiden. Den Spargel grob zerkleinern und im Blitzhacker mit 1 EL Mascarpone, 1 TL Zitronensaft, Salz und Pfeffer kurz pürieren. Die Creme in eine Schüssel umfüllen und nach und nach 180 g Mascarpone mit dem Löffel unterrühren. In ein sauberes Schraubglas füllen und kalt stellen. So bleibt der Aufstrich mindestens 5 Tage frisch.

Zubereitungszeit: 10 Min.
Pro Portion ca. 235 kcal, 3 g E, 24 g F, 3 g KH

SÜSSKARTOFFEL-TOMATEN-CREME

FÜR 4 PORTIONEN

1 Süßkartoffel waschen, schälen, grob zerkleinern und im Blitzhacker grob hacken. In einer beschichteten Pfanne 1 EL Tomatenöl erhitzen, 40 g Cashewkerne darin anbraten, Süßkartoffel dazugeben. Zugedeckt 5 Min. schmoren. Zusammen mit 5 getrockneten Tomaten in Öl und 1 weiteren EL Tomatenöl in den Behälter des Blitzhackers füllen und cremig pürieren. 1 EL Kapern hacken und unterziehen, mit Salz und Pfeffer pikant abschmecken.

Zubereitungszeit: 15 Min.
Pro Portion ca. 160 kcal, 3 g E, 10 g F, 14 g KH

MÖHREN-LINSEN-AUFSTRICH

FÜR 8 PORTIONEN

2 Möhren waschen, schälen, grob zerteilen und im Blitzhacker zerkleinern. 1 EL Öl erhitzen, Möhrenraspel darin unter Wenden 2–3 Min. andünsten. 100 g rote Linsen und 400 ml Wasser dazugießen, aufkochen und ca. 10 Min. unter Rühren köcheln lassen. Linsenmix mit 35 g gemahlenen Mandeln, 10 g Mandelmus und 3 TL Zitronensaft cremig pürieren. Mit Salz, Pfeffer und nach Belieben mit Zitronensaft würzen. In ein sauberes Schraubglas füllen und kalt stellen. So bleibt der Aufstrich mindestens 5 Tage frisch.

Zubereitungszeit: ca. 15 Min.
Pro Portion ca. 95 kcal, 5 g E, 5 g F, 9 g KH

ERBSENSTREICH

FÜR 8 PORTIONEN

300 g TK-Erbsen mit kochendem Wasser übergießen und 5 Min. ziehen lassen. Erbsen abgießen, in einen hohen Rührbecher geben. ½ Bio-Zitrone heiß abwaschen, abtrocknen und ½ TL Schale abreiben. Saft auspressen. 5 Stängel Petersilie und 2 Stängel Minze waschen, grob zerkleinern. Alle vorbereiteten Zutaten, 50 g griechischen Joghurt und 50 g Frischkäse zu den Erbsen geben und pürieren. Mit Salz und Pfeffer würzen. In ein sauberes Schraubglas füllen, kalt stellen. Der Aufstrich bleibt mindestens 5 Tage frisch.

Zubereitungszeit: ca. 10 Min.
Pro Portion ca. 50 kcal, 4 g E, 1 g F, 5 g KH

Die abwechslungsreichen Aufstriche verschönern jede Pause und stecken voller Vitamine und wertvoller Nährstoffe. Garantiert ohne künstliche Zusätze!

RATATOUILLE
mit Pünktchenpolenta

FÜR 8 PORTIONEN

500 ml Gemüsebrühe
700 ml Milch
Salz
Pfeffer
400 g Polenta (Maisgrieß)
150 g Parmesan
300 g körniger Frischkäse
2 Auberginen (ca. 600 g)
5 EL Olivenöl
1 EL getrocknete Kräuter der Provence
1 gelbe Paprika
800 g Zucchini
1 Gemüsezwiebel
2 Dosen Tomaten (800 g)

Zubereitungszeit: ca. 30 Min.
Pro Portion ca. 510 kcal, 21 g E, 24 g F, 52 g KH

1 Die Brühe, die Milch, 1 TL Salz und Pfeffer zum Kochen bringen. Maisgrieß und Parmesan mit einem Schneebesen unterrühren, einmal aufkochen lassen. Den Topf vom Herd nehmen, den Frischkäse unterheben und die Polenta zugedeckt quellen lassen.

2 Inzwischen den Backofengrill und ein Backblech vorheizen. Die Auberginen waschen und putzen. Erst in fingerdicke Scheiben und dann in Würfel schneiden. Mit 2 EL Olivenöl, Salz und Kräutern der Provence mischen. Auf dem heißen Blech verteilen. Im Ofen (oben) ca 10 Min. grillen, bis die Auberginen bräunen.

3 Inzwischen die Paprika waschen, halbieren, weiße Trennwände und Kerne entfernen und in 1 cm große Würfel schneiden. Die Zucchini waschen, die Enden abschneiden. Erst längs vierteln, dann quer in fingerdicke Scheiben schneiden. Die Zwiebel schälen, halbieren und grob hacken.

4 2 EL Olivenöl in einer großen beschichteten Pfanne erhitzen und Zwiebeln und Paprika darin kräftig anbraten. Die Zucchini dazugeben und kurz mitbraten. Mit Salz und Pfeffer würzen. Nach 5 Min. die Tomaten angießen und erhitzen. Den Gemüsemix mit den Auberginen verrühren und abschmecken. Das Ratatouille halbieren und mit der Hälfte der Polenta servieren.

5 Die zweite Portion bleibt im Kühlschrank 2 Tage frisch. Die Polenta zum Aufwärmen in Scheiben schneiden und mit übrigem Olivenöl in der Pfanne goldbraun braten.

Prep-RAHMGEMÜSE mit Reis

FÜR 8 PORTIONEN

500 g parboiled Langkornreis
Salz
2 Kohlrabi (400 g)
1 Blumenkohl (800 g)
1 Staudensellerie (300 g)
500 g Möhren
3 EL Öl
Salz
100 g Körnermix
250 g Kräuterfrischkäse
Pfeffer

Zubereitungszeit: ca. 30 Min.
Pro Portion ca. 400 kcal,
15 g E, 13 g F, 56 g KH

1 Den Reis in einem Topf trocken erhitzen, währenddessen im Wasserkocher 1 l Wasser erhitzen. Über den Reis gießen, aufkochen und bei kleiner Hitze zugedeckt 15 Min. ausquellen lassen.

2 Die Kohlrabi waschen, schälen und in mundgerechte Stücke schneiden. Den Blumenkohl waschen, die Blätter entfernen und den Strunk abschneiden. Den Blumenkohl in Röschen teilen, den Strunk klein schneiden. Die inneren zarten Blumenkohlblätter fein hacken und beiseitestellen. Staudensellerie und Möhren waschen, schälen bzw. entfädeln, längs halbieren und in Würfel schneiden.

3 In einem Schnellkochtopf das Öl erhitzen, Sellerie und Möhren darin anbraten und mit 0,5 l Wasser ablöschen. Blumenkohl und Kohlrabi dazugeben, salzen und den Deckel schließen. Erhitzen, bis der Druckanzeiger grün zeigt. Dann 5 Min. bei Stufe 1 garen. Unter kaltem Wasser abkühlen und öffnen.

4 Inzwischen den Körnermix in einer Pfanne ohne Fett rösten, bis er anfängt zu duften.

5 Das Gemüse aus dem Topf heben. Frischkäse in der Garflüssigkeit schmelzen lassen, mit Pfeffer und Salz würzen. Das Gemüse samt Körnermix unterziehen. Den Reis salzen.

6 Die Hälfte von beidem im Kühlschrank lagern. Bleibt 2 Tage frisch. Oder in Gefrierdosen füllen und für den Vorrat einfrieren. Die andere Hälfte heiß servieren.

Super-TOMATENSAUCE

FÜR 8 PERSONEN

2 Zwiebeln | 2 Knoblauchzehen | 250 g Knollensellerie | 3 Möhren | 1 Zucchino | 4 EL Olivenöl | 2 TL getrockneter Oregano | 2 EL geschrotete Leinsamen | 2 Dosen stückige Tomaten (à 400 g) | Salz | Pfeffer | 1 Prise Zucker

Zubereitungszeit: ca. 30 Min.

Pro Portion ca. 105 kcal, 4 g E, 7 g F, 7 g KH

1 Die Zwiebeln und den Knoblauch schälen und würfeln. Den Sellerie und die Möhren waschen, putzen, schälen und im Blitzhacker zerkleinern. Den Zucchino waschen, putzen und grob würfeln.

2 Das Öl in einem weiten Topf erhitzen. Die Zwiebeln und den Knoblauch darin andünsten. Das Gemüse dazugeben und unter Wenden ca. 5 Min. andünsten. Oregano und Leinsamen dazugeben, kurz mitbraten. Die Tomaten und ca. 350 ml Wasser dazugeben, mit Salz und Pfeffer würzen, aufkochen und alles ca. 15 Min. köcheln lassen.

3 Die Sauce vom Herd nehmen und mit einem Pürierstab fein pürieren. Mit Salz, Pfeffer und 1 Prise Zucker abschmecken. Die Sauce abkühlen lassen, in 2 Portionen teilen und kalt stellen oder einfrieren.

TIPP

Beide Saucen auf dieser Seite bleiben zugedeckt im Kühlschrank 3–4 Tage frisch, eingefroren mindestens 3 Monate. Jede Hälfte mit 300 g Vollkorn-Nudeln und etwas frisch geriebenem Parmesan servieren.

Nuss-BOLOGNESE

FÜR 8 PERSONEN

1 große Stange Lauch | 3 Möhren | 5 Stangen Staudensellerie | 2 EL Öl | 400 g mageres Rinder- oder Putenhack | Salz | Pfeffer | 2 EL Tomatenmark | 2 TL getrockneter Oregano | 2 Dosen stückige Tomaten (à 400 g) | 1 Prise Zucker | 100 g Walnusskerne

Zubereitungszeit: ca. 30 Min.

Pro Portion ca. 225 kcal, 14 g E, 15 g F, 8 g KH

1 Lauch putzen und gründlich waschen. Möhren putzen, waschen und schälen. Sellerie putzen, waschen und entfädeln. Gemüse in grobe Stücke schneiden und im Blitzhacker zerkleinern.

2 Das Öl in einem Topf erhitzen. Das Hackfleisch darin krümelig anbraten. Mit Salz und Pfeffer würzen. Gemüse dazugeben und unter Rühren 2–3 Min. mitbraten. Tomatenmark und Oregano einrühren, Tomaten und 250 ml Wasser angießen. Alles aufkochen, mit Salz, Pfeffer und Zucker würzen und ca. 10 Min. köcheln lassen. Öfter umrühren.

3 Inzwischen die Nüsse grob hacken und in einer Pfanne ohne Fett anrösten. Unter die Sauce rühren. Mit Salz und Pfeffer abschmecken. Abkühlen lassen und in 2 Portionen kalt stellen oder einfrieren.

Kirsch-LAVA-KUCHEN aus dem Glas

FÜR 7 TWIST-OFF-GLÄSER (À CA. 385 ML INHALT)

100 g Schokoladenreste | 100 g Butter | 4 Päckchen Vanillezucker | 4 Eier | 300 g Mehl (Type 1050) | 100 g gemahlene Haselnüsse | 1 TL Kakaopulver | 1 TL Zimtpulver | 1 Päckchen Backpulver | 1 Glas Sauerkirschen (Abtropfgewicht 340 g)

Zubereitungszeit: ca. 10 Min. | Backzeit: ca. 20 Min.
Pro Glas ca. 525 kcal, 12 g E, 29 g F, 53 g KH

1 Den Backofen auf 220° vorheizen, dabei die Gläser miterhitzen.

2 Schokolade in einem Topf bei kleiner Hitze schmelzen. Dann in eine Rührschüssel umfüllen und mit Butter, Vanillezucker und den Eiern cremig schlagen.

3 Das Mehl mit gemahlenen Haselnüssen, Kakaopulver, Zimt und Backpulver mischen und unter die Schokocreme rühren. Abgetropfte Kirschen und 2–3 EL Kirschsaft unter den Teig heben.

4 Die heißen Gläser vorsichtig mit zwei Topflappen aus dem Ofen nehmen, den Teig auf die Gläser verteilen. Die Kuchen in den offenen Gläsern im Ofen (Mitte) ca. 20 Min backen. Nach 15 Min. die Deckel zum Sterilisieren dazulegen.

5 Die heißen Gläser vorsichtig aus dem Ofen nehmen und sofort mit den heißen Deckeln verschließen. Die Kuchen bleiben mehrere Monate frisch.

TIPP

Man braucht Schraubgläser, die durchgängig gerade sind, damit sich der Kuchen leicht herauslösen lässt.

APPLE-CRUMBLE
im Glas

FÜR 8 TWIST-OFF- ODER WECK-GLÄSER (À CA. 300 ML INHALT)

3 Äpfel | 3 TL Zitronensaft | 100 g Dinkel-Vollkornmehl | 50 g feine Haferflocken | 30 g Mandelblättchen | 1 TL Zimtpulver | 1 Prise Salz | 60 g brauner Zucker | 100 g kalte Butter

Zubereitungszeit: ca. 15 Min | Backzeit: ca. 25 Min.
Pro Glas ca. 230 kcal, 4 g E, 13 g F, 23 g KH

1 Den Backofen auf 200° vorheizen. 8 Schraubgläser bereitstellen. Die Äpfel waschen, vierteln, entkernen und klein schneiden. In die Gläser verteilen.

2 Für die Streusel Mehl, Haferflocken, Mandeln, Zimtpulver, Salz und Zucker mischen. Die Butter in Flöckchen dazugeben und von Hand rasch zu Streusel verkneten. Die Streusel auf den Äpfeln in den Gläsern verteilen. Die Gläser auf den Backofenrost stellen. Im heißen Ofen (Mitte) ca. 25 Min. backen. Nach 15 Min. die Deckel zum Sterilisieren danebenlegen.

3 Die heißen Gläser vorsichtig aus dem Ofen nehmen und sofort mit den heißen Deckeln verschließen. Abkühlen lassen, dann im Kühlschrank aufbewahren.

TIPP

Verschlossen im Kühlschrank sind die Crumble mindestens 8 Tage haltbar. Schmeckt kalt aus dem Glas oder bei 100° ohne Deckel ca. 10 Min. aufgebacken. Besonders lecker mit einem Klecks Vanillejoghurt oder -quark, etwas Schlagsahne oder Vanilleeis.

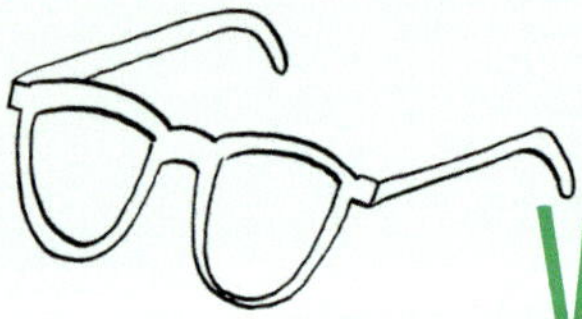

WIE GROSS IST EIGENTLICH
eine Portion?

Reicht es auch für alle? Diese Frage geistert durch alle Familienküchen. Die Portionsgrößen, wie sie auf Packungen angegeben sind, sind häufig zu klein und machen nicht bis zur nächsten Mahlzeit satt. Mit der Tabelle kein Problem: ganz einfach die Mengen entsprechend vergrößern – und sich dann daran halten.

ALTER	1–4 JAHRE	4–7 JAHRE	7–10 JAHRE	ERWACHSENE	TIPP
Portionsgröße Hauptgericht	300–360 kcal 200–240 g	375–450 kcal 250–300 g	450–540 kcal 300–360 g	600–720 kcal 400–550 g	
Eiweißkomponente Fleisch, Geflügel, Fisch, Veggie	‹ 50 g	‹ 75 g	‹ 100 g	‹ 150	Bei Fleisch und Geflügel sollte der Fettanteil unter 20 Prozent liegen.
Gemüsebeilage	› 80 g	› 100 g	› 150 g	› 200 g	Bei Fertigprodukten sollte der Gemüseanteil bei mind. 80 Prozent liegen.
Sättigungsbeilage Kartoffeln	100 g	150 g	200 g	250 g	
Sättigungsbeilage Getreide (Reis oder Nudeln trocken)	40 g	50 g	60 g	80 g	Möglichst Vollkornprodukte verwenden; bei Mehl mind. Type 1 050.
Sättigungskomponente als Hauptzutat (Kartoffeln)	140 g	210 g	280 g	350–400 g	
Sättigungskomponente als Hauptzutat (Nudeln, roh)	50 g	60 g	75 g	100–125 g	
Sättigungssalate (Kartoffel-, Nudel-, Reis-, Brotsalat)	› 70 g	› 90 g	› 110 g	› 150–200 g	Sättigungssalate sollten die Hälfte der Kalorien einer Hauptmahlzeit enthalten.
Rohkostsalate	30–60 g	40–80 g	60–80 g	80–100 g	
Saucen	› 50 ml	› 60 ml	› 75 ml	› 80–125 ml	
Dressings, Dips	5 g (1Tl)	7 g (1 EL)	10 g (1–2 EL)	15 g (2 EL)	
Belegtes Brot mit Wurst/ Käse/pikantem Aufstrich	1 belegte Scheibe	1,5 belegte Scheiben	2 belegte Scheiben	3–4 belegte Scheiben	Pro Brot max. 1-2 Scheiben Aufschnitt, ‹30 g Aufstrich, ½ TL Butter/ Margarine. Möglichst Vollkornprodukte bevorzugen, die mehr als 8 g Ballaststoffe pro 100 g enthalten.
Frühstückscerealien Getreidebrei	20 g	30 g	40 g	60 g	Vollkornprodukte mit weniger als 2,5 g Zucker und mehr als 3 g Ballaststoffe pro 100 g bevorzugen.
Suppe als Vorspeise Einlage (z. B. Suppennudeln roh)	60–75 ml 15 g	80–100 ml 20 g	100–150 ml 25 g	150–250 ml 30 g	Bei gebundenen Suppen wie Kartoffelsuppe die höhere Angabe nehmen.
Desserts Obst/Kompott Pudding/Creme	60–75 g	80–100 g	100–125 g	125–175 g	

WENN ES SCHNELL GEHEN MUSS:

Das Handmaß

Die Hand als Maß eignet sich wunderbar, um Kinder- und Erwachsenenportionen grob abzumessen: Erwachsene brauchen mehr Kalorien und haben große Hände. Kinder haben kleine Hände und einen kleineren Hunger.

LEBENSMITTELGRUPPE	LEBENSMITTEL	GRÖSSE PRO PORTION	PORTIONEN PRO TAG
Getränke	Wasser ungesüßte Tees bis zu 4 kleine Tassen ungesüßten Kaffee 200 ml Obst- oder Gemüsesaft	1 Glas à 200 ml	6 oder mehr
Gemüse, Salat	gekochtes Gemüse Rohkost Hülsenfrüchte 1 Glas Gemüsesaft pro Tag ersetzt 1 Gemüseportion	2 Handvoll	3 oder mehr
Obst	Apfel, Birne, Banane, etc. Beeren, Kirschen, Zwetschgen etc. 1 Glas Saft pro Tag ersetzt 1 Obstportion	1 Handvoll 2 Handvoll 200 ml Obstsaft	2
Brot, Getreide, Beilagen	Brot (Vollkorn bevorzugen) Kartoffeln und gegarte Beilagen wie Nudeln, Reis, etc. ungesüßtes Müsli, z. B. Haferflocken	so groß wie die eigene Hand so groß wie eine Schale aus 2 Händen 1 Handvoll	4
Milch und Milchprodukte	Milch Joghurt, Quark Frischkäse etc. Käse	1 Glas à 200 ml 150 g 30 g 1 Scheibe so groß wie die eigene Hand	3
Fleisch, Fisch, Eier	Fleisch, Fisch, Wurst (fettarme Produkte bevorzugen)	so groß wie die Handfläche	1
Fette und Öle	Butter, Sahne, pflanzliche Öle	1 EL	2
Extras (Süßes, Fettes, Alkohol)	Kuchen, Süßigkeiten, Ketchup, Pommes, Chips, Bier, Wein, Spirituosen	max. 180 kcal	1

MIT TIPPS UND TRICKS
durch die Expressküche

Oft sind es nur Kleinigkeiten, die uns dabei helfen, die Hausarbeit im Alltag um einiges zu vereinfachen. Man muss nur wissen wie! Das gilt auch für's Kochen. Mit diesen Küchenhacks werdet ihr im Handumdrehen Meister der schnellen Küche.

PELLKARTOFFELN in einer Schüssel mit eiskaltem Wasser abschrecken, dann lassen sie sich deutlich leichter schälen.	**KLÜMPCHEN IN DER SAUCE?** Am besten pürieren – oder durch ein Sieb geben.
HARTE BRÖTCHEN einfach mit Wasser einsprühen und in den heißen Ofen schieben. Bereits nach kurzer Zeit schmecken sie wieder wie frisch vom Bäcker.	**FLEISCH IST ZÄH?** In dünne Streifen oder Scheiben schneiden und in der Sauce servieren.
ZU SALZIG? Einfach rohe, geschälte Kartoffeln mitkochen. Zitronen- oder Orangensaft zugeben. Mit Milch oder Wasser verdünnen. Etwas Honig zugeben.	**ZU WENIG SAUCE?** Mit pürierten Tomaten oder Möhrenmus und süßer Sahne verlängern. Mit Sojasauce würzen.
ANGEBRANNT? Nicht umrühren! Sofort umfüllen, verbrannte Stellen entfernen. Mit Curry, Tomatenmark, Aprikosenkonfitüre, Pesto, Balsamico, Möhrensaft, Schmand oder Kräuterfrischkäse dagegen anwürzen.	**SAUCE IST GERONNEN?** Mit einem Eiswürfel im Mixer aufschlagen. Oder im kalten Wasserbad mit kalten Butterstückchen pürieren. Wenn das nicht hilft: Brotwürfel zugeben und zu einer dickeren Creme pürieren. Nach Bedarf Gemüsebrühe und etwas Kaffeesahne oder Kondensmilch zugeben.
REIS, NUDELN ODER COUSCOUS ZU MATSCHIG? Entweder in einer großen Pfanne unter Rühren rösten. Oder offen in der Mikrowelle kurz erhitzen. Oder auf einem Blech verteilt kurz in den heißen Ofen schieben.	**SAUCE IST ZU DÜNN?** Hirse- oder Kichererbsenmehl zugeben – das klumpt nicht. Oder mit Mehlbutter kurz kochen. Dazu 1 Teil Butter mit 1 Teil Mehl verkneten und in Flocken zugeben, unter Rühren kochen, bis sich alles gelöst hat.
NUDELN KLEBEN? Einfach mit einem Schuss kochendem Wasser aus dem Wasserkocher übergießen – dann flutschen sie wieder!	**ESSEN IST KNAPP?** Nüsse hacken und über die Sauce oder den Salat geben. Oder Bruscetta als Vorspeise reichen: Brotscheiben rösten und mit Pesto, Gemüseresten, gehackten Tomaten, Avocado oder Oliven toppen.
GEMÜSE ODER KARTOFFELN SIND VERKOCHT? Einfach mit etwas Butter und Gewürzen oder Kräutern stampfen. Bei einem hohen Gemüseanteil ist pürieren auch eine Option. Entweder als Püree servieren oder gleich zur Suppe verdünnen.	**EINE GRÖSSERE MENGE EIER PELLEN?** Gebt die Eier in eine dicht verschließbare Tupperdose, die zu zwei Drittel mit Wasser gefüllt ist. Dose schließen, kräftig schütteln und das Pellen geht viel schneller.

DAS AUGE ISST IMMER MIT, vor allem für Kinder ist das wichtig. Wenn das Essen farblos aussieht, hilft Kurkumapulver für gelbe Farbe, Paprikapulver für orange, Tomatenmark oder Rote-Bete-Saft für rot, Matcha-Pulver für grün (das schmeckt aber schnell sehr gesund!), Heidelbeeren für lila.

SO WIRD DER BACKOFEN SCHNELL SAUBER: eine feuerfeste Schüssel mit Wasser und 2–3 Scheiben Bio-Zitrone füllen und direkt auf den Ofenboden stellen. Auf volle Temperatur aufheizen, bis das Wasser sprudelnd kocht. Abschalten, abkühlen lassen und mit Spülmittelwasser auswaschen – fertig.

DAS KÖNNEN SOGAR SCHON DIE KLEINSTEN: Mozzarella, Champignons oder Pellkartoffeln lassen sich ruckzuck mit einem Eierschneider in gleichmäßige Scheiben schneiden.

PRAKTISCHE RUTSCHBREMSE: ein feuchtes Küchenhandtuch oder Spültuch unter das Schneidbrett legen. So wackelt beim Schneiden und Hacken nix mehr.

EIN SPRITZER ZITRONE ZUM ABSCHMECKEN? Die Frucht einfach mit einem Zahnstocher anpieksen und ein paar Tropfen Saft herausdrücken. So bleibt die restliche Frucht im Kühlschrank länger frisch und saftig als aufgeschnitten.

HACKFLEISCH zum Einfrieren im Gefrierbeutel so platt wie möglich drücken. So taut es besonders schnell wieder auf.

FÜR TOMATENSAUCE UMSTÄNDLICH TOMATEN HÄUTEN? Kann man sich sparen, wenn man die Tomaten auf einer Küchenreibe direkt in den Topf reibt. So bleibt die Haut automatisch zurück.

SCHRAUB- UND EINMACHGLÄSER, z. B. für Pesto oder Tomatensauce auf Vorrat, lassen sich schnell und einfach in der Mikrowelle sterilisieren: Gläser etwa einen Finger hoch mit Wasser füllen, in der Mikrowelle zum Kochen bringen und ca. 1 Minute sprudelnd kochen lassen.

ANGEBRANNTER TOPF? Statt lange zu schrubben eine Hand breit Wasser mit 1 EL Natron darin aufkochen und über Nacht einwirken lassen. Am nächsten Tag löst sich alles ganz einfach.

BEI ZARTEN JUNGEN MÖHREN ODER KARTOFFELN kann man sich das Schälen sparen: einfach kräftig mit einem Stahl-Topfschwamm unter fließendem Wasser abbürsten.

UNREIFE AVOCADOS REIFEN SCHNELL NACH, wenn man sie locker in Zeitungspapier wickelt und bei Zimmertemperatur liegen lässt.

UM MIXER ODER PÜRIERSTAB SCHNELL ZU REINIGEN, einfach nach Gebrauch mit warmem Wasser und einem Schuss Spülmittel noch mal kurz laufen lassen. Mit Wasser aus- bzw. abspülen und abtrocknen.

REGISTER VON A–Z

Damit Sie Ihre Lieblingsrezepte noch schneller finden, sind in diesem Register auch häufige Zutaten wie Apfel oder Kartoffel alphabetisch eingeordnet und hervorgehoben. Vegetarische Gerichte erkennen Sie an der grünen Schrift.

A

B

C

D

E

L

M

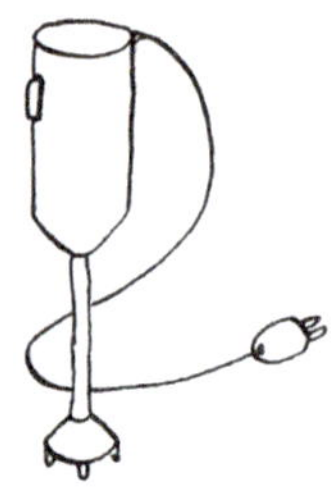

Q/R

S

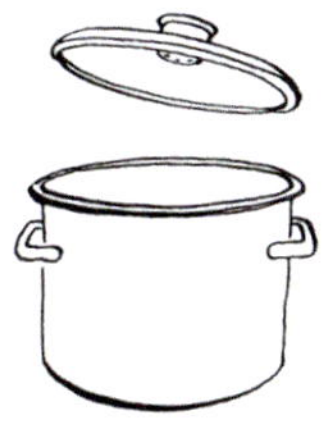

T

V/W/Z

APPETIT AUF MEHR?

ISBN 978-3-8338-5885-7

ISBN 978-3-8338-6883-2

ISBN 978-3-8338-6848-1

ISBN 978-3-8338-7544-1

ISBN 978-3-8338-4474-4

ISBN 978-3-8338-7069-9

e Auch als eBook erhältlich.

G|U

Mehr von GU auf **www.gu.de** und **facebook.com/gu.verlag**

DIE AUTOREN

Dagmar von Cramm ist eine der bekanntesten Food-Journalistinnen und prominenteste Ernährungsexpertin Deutschlands. Viele ihrer über 4 Millionen verkauften Bücher sind seit Jahren Bestseller. In ihrem Freiburger Redaktionsbüro mit angeschlossener Versuchsküche entwickelt sie mit ihrem Team Rezepte und Beiträge für Kochbücher und Zeitschriften. So gründete sie 2014 die Zeitschrift *eat healthy* und engagiert sich ehrenamtlich im Bereich Ernährung, u. a. als Mitglied im Präsidium der Deutschen Gesellschaft für Ernährung (DGE). Ihre überaus erfolgreichen Bücher sind Klassiker und begleiten viele Familien schon lange Jahre. Dagmar von Cramm lebt mit ihrem Mann, Hund und Hühnern in Freiburg und hat aus ihrer Alten Mühle im Markgräfler Land eine Kochlocation für Events und Küchendrehs gemacht. Ihr besonderer Dank gilt ihrer Volontärin Denise Fuchs für die tatkräftige Unterstützung bei diesem Buchprojekt.
www.dagmarvoncramm.de

Inga Pfannebecker war jahrelang Food-Redakteurin bei namhaften Zeitschriften, bevor sie sich als freie Journalistin und Buchautorin selbstständig machte. Ihre Leidenschaft für gutes Essen setzt sie am liebsten in Rezepten um, in denen sich guter Geschmack und gesunde Ernährung perfekt ergänzen. Den Familientisch, der momentan in Amsterdam steht, teilt sie mit Mann und Tochter Pina.
www.ingapfannebecker.com

DIE FOTOGRAFIN

Barbara Bonisolli ist eine erfolgreiche Foodfotografin. Sie moderierte ihre eigene Garten- und Kochsendung im Fernsehen, in der Wissenswertes und Nützliches über eine nachhaltige Lebensweise, saisonale Gartenarbeit und gesunde Ernährung vermittelt wird. Barbara Bonisolli lebt seit mehr als zehn Jahren mit ihrem Mann und ihren 3 Kindern auf dem Land und verwirklicht dort, wovon viele träumen. In ihrem Landgarten sät und pflanzt sie, was auf den Tisch kommt. Ein besonderes Dankeschön geht an **Christin Büttner** (Assistenz und Bildbearbeitung) und an den Foodstylisten **Sven Dittmann** sowie an alle großen und kleinen Models.

Alle Bilder von Barbara Bonisolli, außer: S. 8: Plainpicture, U1, S. 3 und S. 70 (Rakete), S. 8-17 (Zettel+Kringel-Illustrationen): Shutterstock; S. 10, 12, 14, 19, 53, 77, 101, 123, 163 Getty Images; S. 11: Uwe Bender; S. 13: Klaus Arras; S. 16: Anke Schütz; S. 143: Stocksy.
Alle Illustrationen: Julia Hollweck.

Syndication: www.seasons.agency

Titelbildrezept: Erbsenpesto, S. 47, Grüne Gnocchi, S. 109, Super-Tomatensauce, S. 177

Projektleitung: Monika Greiner, Verena Kordick
Lektorat: Margarethe Brunner
Korrektorat: Ulrike Wagner
Innen- und Umschlaggestaltung: independent MedienDesign, Horst Moser, München
Herstellung: Susanne Fuhrmann
Satz: Longo AG, Bozen
Reproduktion: Longo AG, Bozen
Druck: aprinta druck, Wemding
Bindung: Conzella, Pfarrkirchen

ISBN 978-3-8338-7691-2

1. Auflage 2021

Backofenhinweis:
Die Backzeiten können je nach Herd variieren. Die Temperaturangaben in unseren Rezepten beziehen sich auf das Backen im Elektroherd mit Ober- und Unterhitze und können bei Gasherden oder Backen mit Umluft abweichen. Details entnehmen Sie bitte Ihrer Gebrauchsanweisung.

www.facebook.com/gu.verlag

GRÄFE UND UNZER

Ein Unternehmen der
GANSKE VERLAGSGRUPPE

QUALITÄTS GU GARANTIE

LIEBE LESERINNEN UND LESER,
wir wollen Ihnen mit diesem Buch Informationen und Anregungen geben, um Ihnen das Leben zu erleichtern oder Sie zu inspirieren, Neues auszuprobieren. Wir achten bei der Erstellung unserer Bücher auf Aktualität und stellen höchste Ansprüche an Inhalt und Gestaltung. Alle Anleitungen und Rezepte werden von unseren Autoren, jeweils Experten auf ihren Gebieten, gewissenhaft erstellt und von unseren Redakteuren/innen mit größter Sorgfalt ausgewählt und geprüft.
Haben wir Ihre Erwartungen erfüllt? Sind Sie mit diesem Buch und seinen Inhalten zufrieden? Wir freuen uns auf Ihre Rückmeldung. Und wir freuen uns, wenn Sie diesen Titel weiterempfehlen, in Ihrem Freundeskreis oder bei Ihrem online-Kauf.
Sollten wir Ihre Erwartungen so gar nicht erfüllt haben, tauschen wir Ihnen Ihr Buch jederzeit gegen ein gleichwertiges zum gleichen oder ähnlichen Thema um.

KONTAKT ZUM LESERSERVICE
GRÄFE UND UNZER VERLAG
Grillparzerstraße 12
81675 München
www.gu.de

Abkürzungsverzeichnis:
EL = Esslöffel
TL = Teelöffel
g = Gramm
kg = Kilogramm
cm = Zentimeter
ml = Mililiter
l = Liter
Msp. = Messerspitze
E = Eiweiß
F = Fett
KH = Kohlenhydrate
kcal = Kilokalorien
Min. = Minuten
TK- = Tiefkühl-
Ø = Durchmesser